料理の日本史

THE HISTORY OF COOKING IN JAPAN

五味文彦＝著

勉誠社

はじめに

衣食住は、日常生活の根底をなす要素で、なかでも食は毎日を生きてゆくために必須である。その食の歴史については、多くの著作があって、食の材料にはどのようなものがあり、四季折々の食べ物にはどんなものがあったのか、その種類や調理法などが記され、カロリーがどの程度あって、食育に何が役立ってきたのか等々が、語られてきている。

ここで記す料理の歴史はそれらとは違い、どのような料理があり、どんなシチュエーションで食事が行なわれたのか、いかなる階層の人々の料理で、食材は何で、どう流通していたのか、料理がどう持ち運ばれたのか、いかに料理を求めたのか、食べた人の感想はどんなものか、料理がいかにつくられたのか等々、それぞれの時代の社会との関わりに注目して記すものである。そのため多くの図版を用い、縄文時代に始まって、現代に至るまで考察してゆく。

目次

六　料理の世界……163

一　料理の誕生と変遷

縄文文化と食事

縄文時代とは縄文式土器が使用された時代をさし、今から一万五〇〇〇年前から始まって二五〇〇年前までの約一万二〇〇〇年の時期である。Ⅰ期（草創期、一万年前まで）、Ⅱ期（早期、六三〇〇年前まで）、Ⅲ期（前・中・晩期、二五〇〇年前まで）の全部で三期に分類されており、その草創期の一万一〇〇〇年前までの代表的遺跡が、鹿児島市の桜島を東に臨む台地上の斜面に竪穴住居跡のある掃除山（そうじやま）遺跡である。

日向遺跡隆起線文土器群と磨製・打製石器、槍先形尖頭器、石鏃・砥石などが出土しており、遺跡からは直径数メートルの二棟の竪穴住居、煙道つき炉穴や舟形・円形の配石炉などの調理用施設、土坑、植物食料の製粉具の磨石や石皿などのドングリ木の実を割って砕き、製粉する道具類などが出土し、安定した定住生活が認められる。

温暖な気候やそれにともなう植生などの自然環境が生まれた南九州からこうした生活様式が始まり、日本列島全体の温暖化とともに広がった。竪穴住居の集落の大規模なものは、静岡県芝川町の大鹿窪（おおしかくぼ）遺跡や群馬県みどり市の西鹿田中島遺跡などに認められ、定住生活へと動き始めた。

中期になると、本格的に暖かさが到来、植物の食料や河川漁撈への依存度が高まり、定住する傾向が著しくなり、アク抜きを必要とするドングリとトチの実の発見例が急増する。住居のそばに穴を掘り、その中に大量にドングリやトチの実などの堅果類を貯蔵したのだが、ドングリにはタンニンを含む種類が多く、そのままでは苦くて食用しづらいので、つぶしたり、粉にして、袋や網目の細かい籠などに入れて水に浸けるなどして、アクぬきをして、始めて料理の材料となる。大量の灰を加えて煮、トチの実のアク抜きをしたと考えられる。

温暖化にともなう縄文海進にともなって太平洋岸を中心にして海浜部に集落が生まれ、貝塚が現れるようになる。横須賀市の夏島貝塚は、カキの貝殻や木炭片の年代測定により日本最古の貝塚として知られ、下層からは夏島式土器が出土し、炉跡が発見されている。

この土器の使用で、「煮る」調理技術が発達した。貯蔵用の容器としてだけでなく、煮るための道具にも利用された。縄文土器の発展とともに堅果類を多く食べるようになったため、大きさや器形の異なる様々な土器が出現し、調理や食事の方法が多様化する。浅い鉢は堅果や野生の植物の地下茎からつくったデンプンをこねることに利用され、装飾の施された鉢は食物を盛るのに使用された。肉や魚、野菜と一緒に煮た鍋物風の料理もつくられたり、デンプンを水で溶いたものを煮て、粥状に加工して食べたりしたと考えられる。

食用海産物の利用も盛んで、沿岸の魚をよく食べ、採集しやすく量的に安定した収量が見込める貝類が日常的に食べられた。生の貝は煮ればたやすく身をとることができ、貝の身を取り出して乾燥させ、保存食品とすることもあった。栗や胡桃は生でも食べられ、栗は茹でたり、焼いたりして食べた。硬い鬼皮と渋皮をむいて干すと長期保存でき、これを砕いて石皿にのせ、石棒で磨ると栗粉ができる。

縄文人の鳥獣肉の食べ方はよくわからないが、土器の鍋で煮て、髄まで食べていたと見られ、煮た汁まで飲んでいたらしい。熱く焼いた平たい石を敷き、焼いた例がある。石を敷き火床を作り、その上で火を焚き、敷石を熱くし、そこへ肉を載せて焼いた。また大きな木の葉を幾重にも重ね、熱い灰をかぶせて蒸焼きにする「ほど蒸し」もあった。大きな魚もそうしたと考えられる。

後期になると、海水を煮詰めて塩をつくるための製塩用の土器も出現、海藻に塩水をかけ水分を蒸発させることを繰り返し、その海藻を海水で洗ってえられる濃縮した塩水を煮詰める製塩法も考案されたであろう。土器に海水を入れて味付けする方法も行われ、調味料として山椒が発見されている。

弥生・古墳時代の食文化

縄文晩期には大規模集落が減少、小規模集落が圧倒的に多くなり、竪穴住居がみつかる事例が少なくなるが、それは寒冷化が進行し、海が次第に後退（海退）したことにともなうもので、沖積地の環境が大きく変動、縄文人の生活が修正を迫られた結果である。

集落を縮小するとともに、植物の多角的利用をはかり、雑穀を組み合わせた生業形態を受け入れるようになった。そこに灌漑(かんがい)稲作が導入される段階を経て、弥生時代への転換が可能となった。その弥生時代を早期・前期・中期・後期に沿って見て行くと、特徴的事象は次のように展開した。

第一は灌漑稲作で、早期以後、九州から始まり、前・中期に東北北部に至る。

第二は環濠集落で、早期以後、北部九州から関東・北陸北部に中期中頃に及ぶ。

第三は集団間の争いで早期以後、北部九州に顕著、中期後半以後、中部以西に及ぶ。

第四は金属器で、前期末から中期初頭以後、東日本では中期中頃以後普及する。

この時代は基本的に食事は縄文期と同じくドングリなどの堅果類も食べていたが、灌漑耕作の広がりと、環濠集落の形成とともに、食文化が豊かになってゆく。三世紀後半から奈良盆地の纏向(まきむく)や、吉備の津寺(つでら)・加茂(かも)、筑紫の比恵(ひえ)・那珂(なか)などの集落には、各地から運ばれてきた土器がたくさん出土しており、纏向遺跡から出土した魚や動物の骨、植物の種子などから、この時期の食事が推定されている。

それによれば、主食は米や粟を蒸した強飯（こわめし）、鳥肉や魚肉、野菜を混ぜた汁粥で、副食は魚介の膾（なます）(切り身)や塩焼き、干物、わかめ、あらめ等の熱汁、塩茹で、あるいは塩漬にした里芋、大根、蕪、蕗、のびる等と、桃・柿・李・まくわ瓜等の果物、栗・栃・榧（かや）等の木の実、それと口嚙酒あるいは果実酒である。魚の切り身や干物、生野菜、果物などを盆に盛って手づかみで食べていた。

奈良盆地では箸墓（はしはか）・西殿塚（にしとのづか）・桜井茶臼山（ちゃうすやま）・メスリ山古墳など、墳丘の高さが二〇〇メートルをも超える古墳が続々と築かれ、中国地方の吉備地域では、弥生時代末には備中地域で山の尾根に築かれた宮山古墳墓群が築造され、宮山型の特殊器台と特殊壺をともなうが、これは大和の箸墓古墳や西殿塚古墳からも出土しており、両者の交流がうかがえる。

五世紀には、朝鮮半島から伝わった青灰色の陶質土器の「須恵器（すえき）」が焼かれ、それ以前の弥生式土器の技術をもとに野焼きで作られた茶褐色の土器「土師器（はじき）」を広く使うようになった。それとともに渡来人の活用で文字が使用され、仏教が伝来し、遣隋使や遣唐使が派遣された。

律令制下の料理

六八六年五月、天武天皇が亡くなり、七〇〇年に令がほぼ完成した。残る律の作成も行われ、唐律をほぼ導入し『大宝律令』として完成した。大宝律令は「律」六巻・「令」十一巻からなり、日本史上初めて律と令がそろった形で成立、律令の選定には刑部（おさかべ）親王・藤原不比等（ふひと）・粟田真人・下毛野古麻呂（しもけのこまろ）らが携わった。

神亀元年（七二四）に、太政官は「万国の朝する所、是れ壮麗なるに非ざれば何を以て徳を表さん」と、分散している貴族を平城京に集住するよう奏し（『続日本紀』）、造都とともに京に集住するようになる。その京は、南北に長い長方形で、北端中央に平城宮の宮城が位置し、そこから中央を貫く朱雀大路を軸に、右京・左京からなっており、左京の張り出しの傾斜地には外京が設けられた。

その平城京跡からは、木を削って先を細くした二本箸が大量に出土、食事を用意した官庁の大膳職の建物付近や塵芥を捨て場の溝や井戸の穴から数十本の箸が出土しており役人はその大膳職が用意した給食を食べていた。貴族は十五品、ハスの実いりの飯、焼き鮑、

下級官人の食事（江原絢子他編『日本食物史』（吉川弘文館、2009年）より）

焼きえび、野菜の茹でもの、鴨とセリの汁など山海珍味が食卓に並ぶ。

下級の役人は七品、玄米の飯、魚の煮つけ、カブの酢のもの、漬物、野菜の味噌汁、酒粕をお茶に溶かしたものなどである。その下級官人の食事を図に掲げた（奈良国立文化財研究所蔵）。庶民は一汁一菜で玄米の飯、茹でたノビル、アラメ汁、それに塩という粗末なものであった。

京内には大きな邸宅が構えられており、なかでも三条二坊の広大な長屋王の邸内は発掘されていて、その豪壮な生活ぶりが明らかになった。中央の南寄りの西を居住空間、東を儀式空間、北側を家政空間とし「長屋親王宮鮑大贄十編」を含め、国や郡からの荷札木簡を始めとする出土遺物があった。

木簡は三十七ヶ国、摂津から塩漬けの鯵、伊豆から荒鰹、上総から荏胡麻油、武蔵から菱の実、美濃から鮎、若狭と周防から塩、越前から栗、阿波から猪、紀伊と讃岐から鯛な

奈良時代の貴族の宴会の食事（奥村彪生『日本料理とは何か』（農山漁村文化協会、2016年）より）

どの山海の珍味が運ばれており、近江・越前、讃岐から米、筑前の宗像から海産物、飛鳥近くの御田・御園からの米や蔬菜、牛乳、さらに都祁の氷室からの氷など、多岐にわたった。

調理法は、生、焼く、煮る、炊く、和える、蒸すであり、漬物がつき、盛り付けに使用した食器は漆器と金銅器であった。その再現メニューを図に示す（奈良国立文化財研究所蔵）。

上部左から、①蓮の実入り強飯を蓮の黄葉で包んだ「荷葉飯」、②干柿・草もち・煮小豆の「菓子」、③

塩漬けの茄子と瓜を醬滓（液体調味料の搾りかす）に漬けた「茄子瓜漬」、塩水に漬けて発酵させた漬物の「水須々保理」、⑤牛乳を加熱濃縮した乳製品の「蘇」、⑥焼いて削ぎ切りにした「焼鮑」、⑦焼いた塩漬けの竹の子、蕗、菜の花、鰹煎り汁をかけた「野菜茹物」、⑧焼海老。

⑨ゆでて干した生海鼠を戻し、たたき・とろろ・山葵を添えた「煎海鼠」、⑩焼いてから軽く干した蛸をさざなみに切った「干蛸」、⑪殻から外して洗った牡蠣に刻み葱、醬酢添え、⑫鹿肉の細切り麴入り塩辛、⑬生鮭の刺身に大根、紫菜、醬酢添え、⑭蓮の実入りおこわの「蓮実強飯」、ほかに酢・塩・鴨と芹の熱い汁、匙、箸である。

天皇の食事

九世紀後半、朝野の習俗や祭礼、大陸伝来の風俗や修法などが年中行事に統合され、儀式として整備され、仁和元年（八八五）に清涼殿に一年の公事が『年中行事御障子』に示された。天皇の食事に関わる調備機関は、内膳司・進物所・御厨子所の三つで、内膳司は

「御大盤」（テーブル）と「大床子」（高さのある座具）「椅子」の御前を調進し、進物所は年中の諸節会のほか「御歯固」「二孟旬」「忌火御膳」「朔旦冬至」「大嘗会」などにおいてそれを補佐するものとして参加した。

その分担関係は、内膳司が①四種（調味料）、②御飯、③鮑羹を、進物所が④盤物、⑤汁物を担当、このほか⑥唐菓子、⑦窪器（基本的に塩辛）が調進され、これらは儀式ごとに担当が異なり、主要な副食は進物所が担当した。食器は諸節会では進物所が内膳司から「銀鏤器」を借り受けて盛り付け、一般儀式行事では日常の銀器が用いられた。

御厨子所は、男踏歌、相撲召合、賭弓などの年中行事、及び臨時楽や歌合等の臨時行事など二十余の儀式行事に、「菓子」「干物」「御酒」を調進、盤物などは準備なく、飲酒中心の遊宴に関わった。図は『年中行事絵巻』の賭弓の場面で、椅子に座る天皇の前に膳が置かれている。

内膳司・進物所とともに調進する元日節会・女踏歌・大嘗会などでは、付加的に参加し、内膳御膳の脇に「盤物」「焼物」「汁物」各数点を付け加える。臨時競馬・皇后御賀・親王元服など正式な儀式行事が終わった後、場を変えて行なわれるくつろいだ宴「穏座」には

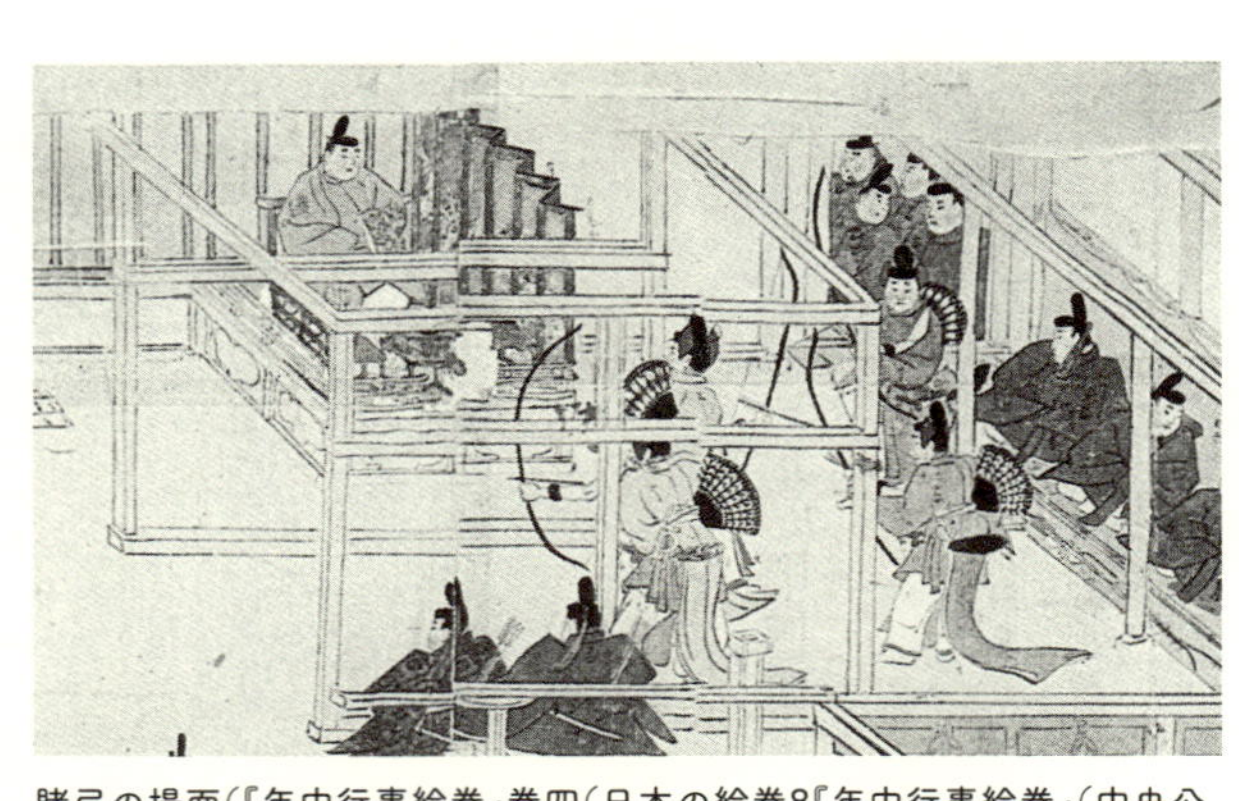

賭弓の場面（『年中行事絵巻』巻四（日本の絵巻8『年中行事絵巻』（中央公論新社、1994年）より。以下同）

土器を調進した（御厨子所御膳）。

天皇の日常の朝夕御膳は、清涼殿の母屋に「御大盤」「大床子」が用意され、時刻（朝は辰の刻、夕は申の刻）になると、女房が六位蔵人を召し、「オモノメメス」と仰すと、殿上間に控えていた「陪膳」の殿上人と蔵人が御膳宿（おものやどり）に向かう。他の陪膳や蔵人「御大盤」二脚をもち、鬼間を通り母屋に運ぶ（役供（やくぐ））。

運び終わると、役供は天皇に用意できたと奏聞、天皇が着御し箸で御飯をつまみとりわけ、「土器」に入れて役供に返す。続いて陪膳が、「男共」と蔵人を召し、片付けるよう指示、蔵人は「盤」四枚を用い食事を運びだし、あわせて御大盤も元の位置に返し、蔵人一名が殿上間で「陪膳記」を書いて、終了となる。

盤に載せられた食事は、第一盤の四種（酢・酒・塩・醤（ひしお）〈豆製の調味料〉）、第二盤の蓋盤（がいばん）

（御飯）、第三盤の内膳御膳（七種）、第四盤の内膳御膳（六種、進物所御膳）、第五盤の御酒などは御膳宿が準備され、第六盤の御湯・土器は上御厨子所が準備、第七盤の御厨子所御膳（八種・土器）、第八盤は御厨子所御膳（御汁二種・御焼物二種）は御厨子所が準備する。御膳宿とは、内裏での配膳所で、ここに大炊寮からの御飯、造酒司の御酒、御厨子所の品々が運びこまれ、その品々は二脚の御大盤に並べられた。

天皇の正面に御大盤一脚、その盤上の左点前に御飯、その奥に調味料の四種、右手全体に第七・八盤の御厨子所の品々が並べられ、上御厨子所の御湯・土器も並べられた。ついで第一の大盤の右側に、直角に隣接する形で第二大盤が置かれ、この上には、第三・四盤の内膳御膳と第五盤の酒が並べられた。食器はすべて銀器である。

貴族の食事

毎年の年中行事での食事を見て行くと、元日の早朝に天皇が年賀の清涼殿の東庭に出て、天地四方、山陵を拝して天下太平、万民安寧を祈る四方拝があり、拝が終わると諸臣が参

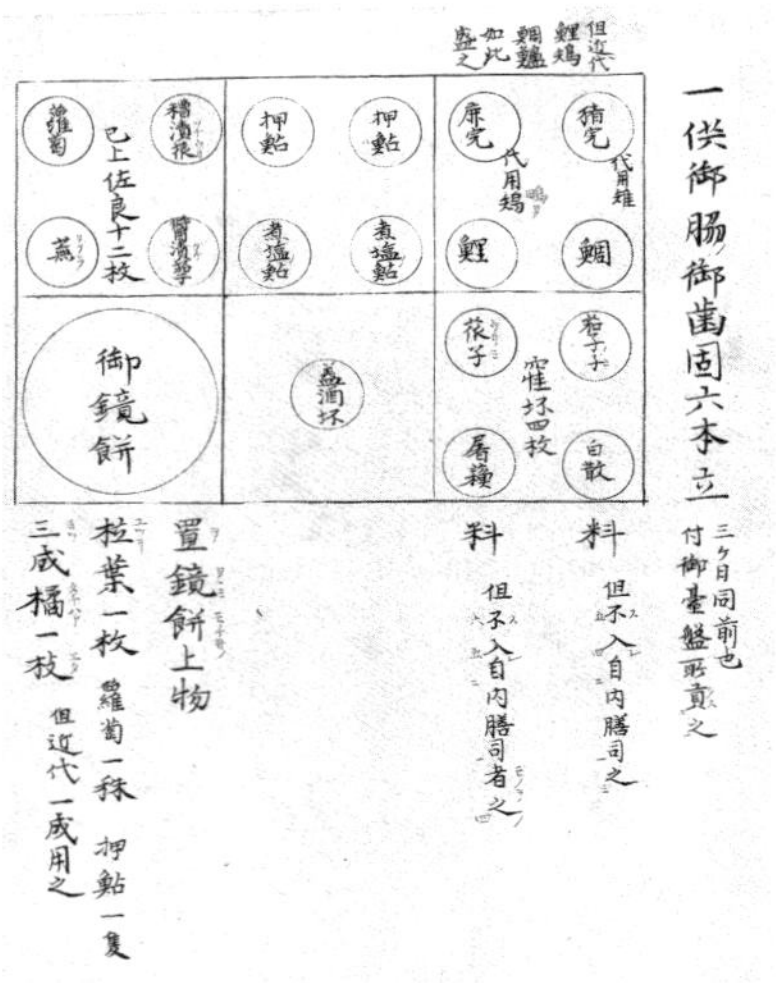

「御歯固」(『類聚雑要集』、国立国会図書館蔵)

列する朝賀の儀があり、元日節会酒食が振る舞われた。

供御薬の儀として一献は屠蘇、二献は上白散、三献は度嶂散が出され、御歯固として蒸して作る強飯、菜八種が供され長寿を願った。その図が『類聚雑要集』の「御歯固」に見えるので載せる。

正月七日は人日の行事で、若菜を摘み羹にして食べる。七種の菜で羹をつくる。正月十七日に賭弓があり、翌日に射終えなかった六衛府の官人が、改めて射る射遺があった後、その後宴の様子は『年中行事絵巻』巻四に見え、図は建礼門前の大庭に七丈の幄舎を立て、幄舎の中に筵を敷いて半畳を置き、朱面の弘盤の台を据え、朱面の弘盤の上に料理が並べられ、公卿は台をはさんで対座、酒が始まる。

三月三日は曲水宴で、『文徳天皇実録』嘉祥二年(八四九)五月の記事には、「母子草」を

後宴の様子（『年中行事絵巻』巻四）

摘み、「くさもちい」とするとある。鎌倉後期制作の『厨事類紀』には三月三日の「御節句」には、赤御飯、御菜、御菓子十八種が記されている。五月三日に左近衛、四日に右近衛の官人によって予行演習（荒手結）があって、五日に本番の左近衛、六日に右近衛府による真手結があり（騎射）、最終日に穏座があるが、それを描くのが『年中行事絵巻』巻八で、大殿屋のなかでは官人の前に料理が置かれ、林歌の宴（穏座の別称）が始まっている。

五月五日の端午の節供では糯米に棗を混ぜて真菰の葉で包み、濃厚な灰汁で煮熱して作った粽を食べる。七月七日の節句は、『厨事類紀』に索餅、御菓子八種、麻実、小豆と

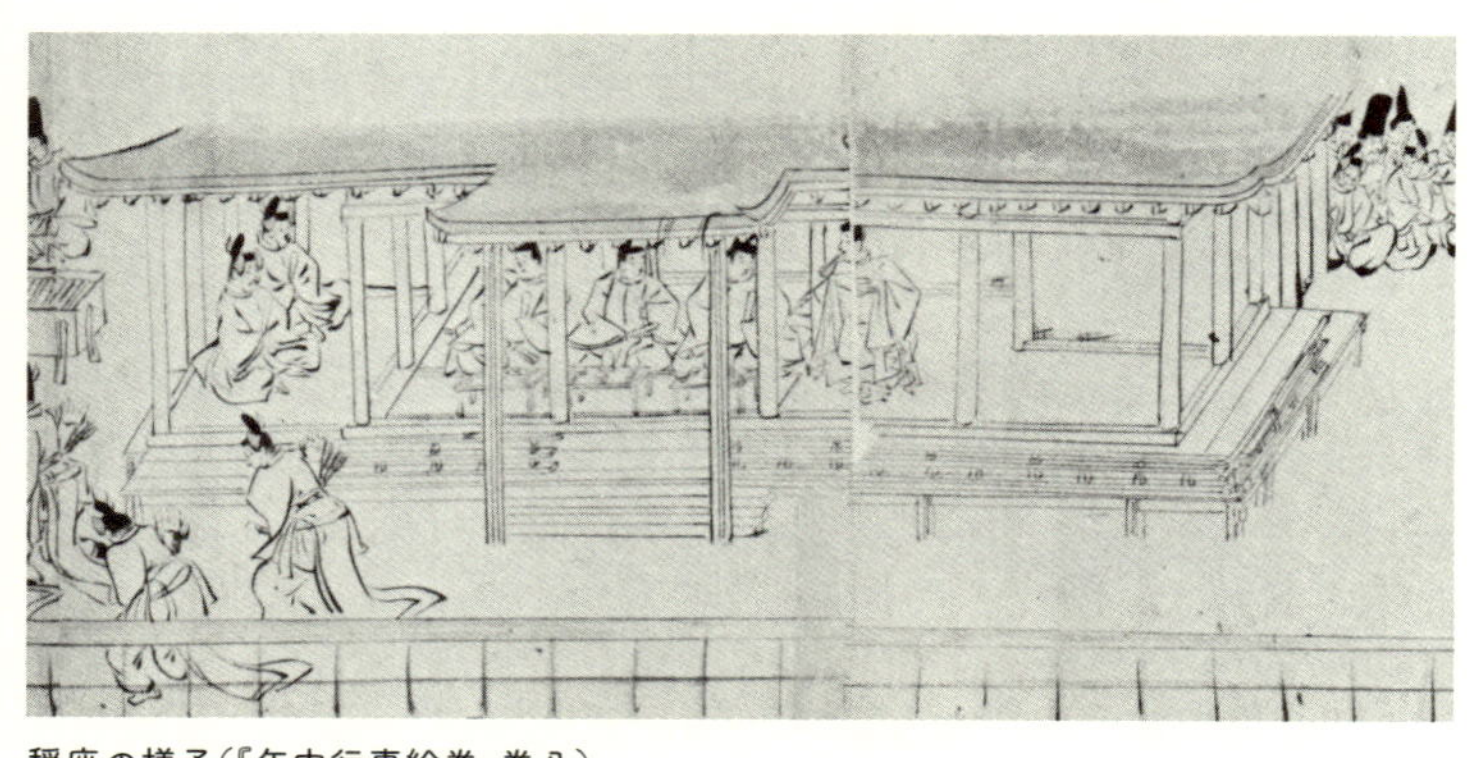

穏座の様子(『年中行事絵巻』巻八)

記されている。九月九日の重陽の節句では菊酒を飲み、花糕（米の粉などを蒸して作る）を食べる。『厨事類紀』には赤御飯、御菜、御菓子十八種が記されている。十月の亥の子では、餅一折敷（角、五種（白・赤・黄・栗・胡麻）、菓子一、折敷、八種などと記されている。

『新猿楽記』の記す食材と合戦での食事

『新猿楽記』の記す「貪飯愛酒の女」が、好むのは鶉目の飯、蟇眼の粥、鯖の粉切、鰯の酢煎、鯛の中骨、鯉の丸焼き、精進の物には、腐水葱、香疾き大根舂、塩辛き納豆、油濃き茹物、面穢き松茸、果物には、核なき温餅、粉勝なる団子、熟梅の和なる、胡瓜の黄ばめる、酒は醪、肴は煎豆という。

受領の郎等四郎は、「五畿七道にいたらざる所なく、六十余国に見ざる所なし」と、全国を遍く渡り歩き、諸国の土産を集め、貯えはなはだ豊か」である、と称された裕福な人物で、その交易したのは次の物産である。

衣料　阿波絹・越前綿・美濃八丈・常陸綾・紀伊かとり・甲斐斑布・石見紬
工芸品　但馬紙・淡路墨・和泉櫛・播磨針・備中刀・伊予手筥・出雲莚・讃岐円座
金属製品　上総しりかき・武蔵鐙・能登釜・河内鍋
原材料　安芸榑・備後鉄・長門牛・陸奥駒
食料　信濃梨・丹波栗・尾張こめ・近江鮒・若狭椎子・越後鮭・備前海糠・周防鯖・伊勢このしろ・隠岐鮑・山城茄子・大和瓜・丹後和布・飛騨餅・鎮西米

『前九年合戦絵』の第一段は、天喜元年（一〇五三）に源頼義の出陣の場面を描く。図は板敷の上に畳を廻らし、宴席が設えられ、上座に頼義、その子義家が並び、周りに郎等が居並んでおり、頼義の前には衝重（ついかさね）と折敷（おしき）の上に土器が置かれている。

『後三年合戦絵詞』上巻第二段は、寛治元年（一〇八七）、源義家の弟義光が、兄の苦戦

源頼義の出陣の場面（『前九年合戦絵』第一段、東京国立博物館蔵、出展：Colbase）

を聞き、白河院に暇を申したが認められず、兵衛尉の官を辞して来参したことから、義家が涙ぐみ、勝利は掌中にある、と語る場面で、絵は、義家の陣所の庭に畳が敷かれて座る紺裾濃の義光、その前の五色の幔幕の中に座る義家、二人の前には大盛飯の高坏が置かれている。陣中食である。

義家らが向かった金沢柵の清原武秀らの陣所では、板敷の間に毛皮の敷物を敷き、食事をしていて、各自の前には白木の衝重が据えられ、大盛に盛られた飯の周りに小皿が並べられており、東北地方の豪族の食事の風景を描いている。

後三年の合戦を経て、奥州では平泉に館を築いた藤原清衡が、大長寿院や金色堂などの堂舎を次々に建て、「寺塔四十余宇、禅坊三百余宇」の中尊寺を形成した。

陣中食（『後三年合戦絵詞』上巻第二段、東京国立博物館蔵、出典：Colbase）

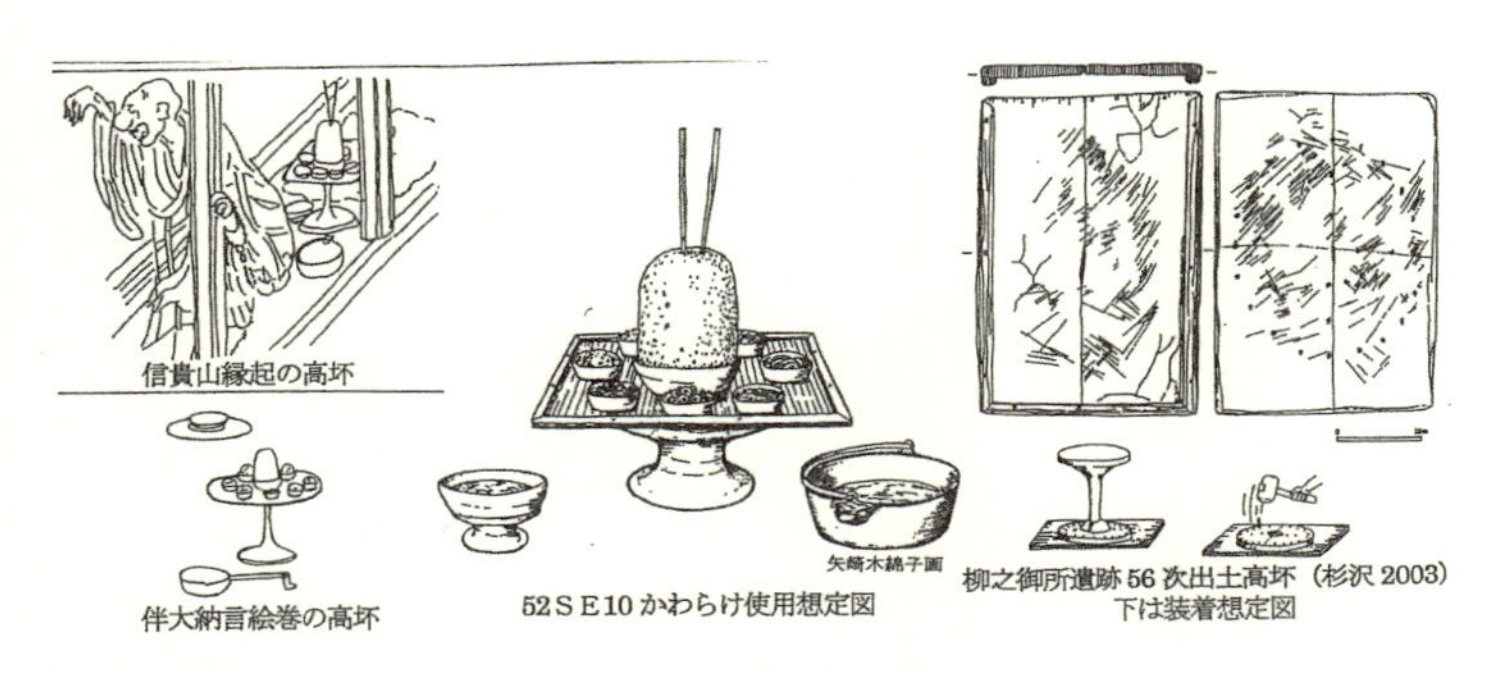

土高坏使用想定図（羽柴直人「平泉の宴」（小野正敏・五味文彦編『宴の中世』高志書院、2008年）より）

大長寿院は、二階大堂と称される高さ五丈の大建築で、奥州藤原家の氏寺であったと考えられる。金色堂は、「上下四壁・内殿、皆金色也。堂内に構三壇を構へ悉く螺鈿也。阿弥陀三尊、二天、六地蔵、定朝造る」とあり、上下四壁や内殿は皆金色で、堂内に構えられた三壇には藤原清衡以下の藤原家の遺体が納められた。

その居館の平泉館は、衣川と北上川の合流地点近くの高館の南、北上川の河岸段丘上にあり、西・北を壕で囲まれ、池が付属する家など多数の家屋の遺構が出土し、遺構からは単一の層から約一〇〇個のかわらけ（土器）があり、一時に廃棄されたものと考えられ、一回の宴会儀礼の使用をうかがわせる。九十九個体の中の器種構成は、ロクロ小型のかわらけ七十四個、大型かわらけ十五個、柱状高台かわらけ五個、大型の土高坏五個で、土高坏は焼物製で、木製の折敷を置き、その上に食器を並べ使用するもので、その使用想定図を示した。都で宴会に使用されていたのと同じである。

摂関家の家政の年中行事を記す『執政所抄』によれば、四月三日の京極殿北政所の忌日の僧の膳は、四種物〈深草六寸盤〉、切机を据え（覆布二丈有）、干物（海松・青苔・煎餅・河骨）、生物（荒布・牛蒡・瓜・蕗蘄）、窪坏物四種であった。

大臣大饗

大臣大饗は摂政・関白および大臣が自邸で正月と大臣任官時に行なう饗宴で、正月の宴は、庭上での主人と賓客との拝礼の後、母屋での宴座、南簀子敷に座を移して穏座がある。その宴座を描くのが『年中行事絵巻』巻六で、正客の尊者に続いて、客が庇に並び立ち、拝礼した後、昇殿して宴座が開始される。絵は寝殿の母屋に朱の台盤があり、対屋では尊者を中心に肩脱ぎの公卿が十人座り、庭では賜禄の馬が曳かれ、大臣の邸宅の母屋の中では肩脱ぎの姿の公卿十人が向かいあって座っている。

宴座（『年中行事絵巻』巻六）

料理の内容であるが、永久四年（一一一六）正月二十三日に、内大臣になった藤原忠通の母屋大饗が寝殿で行なわれた時の座席の配置図・膳組が『類聚雑要抄』からうかがえる。本書は、朝廷や摂関家に関わる年中行事や恒例・臨時の公事における供御・調度・鋪設、装束などを詳しく指図入りで記す。

図は「尊座」（大饗で上座に座る親王または高位の人）の食卓で、一番手前に飯と箸・匙・四種器が置かれ、飯は高く盛られた高盛り飯で、食べる時は高いので鼻がぶつかるから華尽

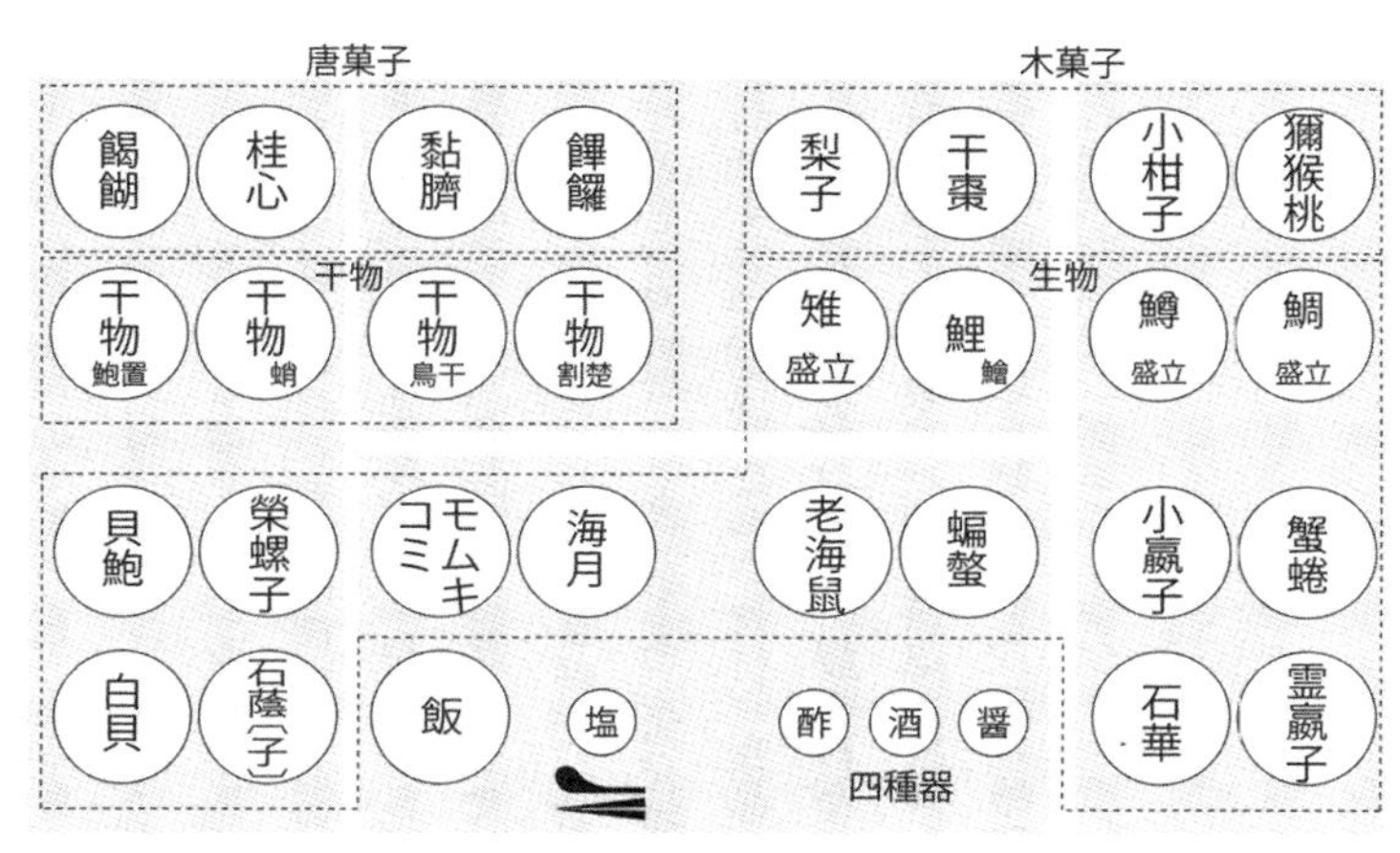

尊座（橋本直樹『食卓の日本史』（勉誠出版、2015年）より）

き飯ともいう盛り切りの飯である。どの器に盛られたものも、料理として味つけされておらず、食品そのもので、これを調味料につけて食べていた。

飯の向こうに窪坏（くぼつき）という四種の食品があり、見込みの深い器に魚醤や肉醤などの発酵した塩干類が入っている。醤は豆などを素材とした味噌や醤油へと発展する豆醤系統と魚や肉を素材とするものとがあって、海月や海鞘も塩につけこんだ魚醤系の塩辛で、モムキコミは鳥臓をつけこんだ醤である。

台盤の左右には生物があり、雉子以外は海や川の物で、保存困難な生物は塩漬けで、貝や蟹など新鮮でないものが多く、あまり美味でなく、石華は「カメノテ」という甲殻類の一種と考えられている。鯉は膾とあり、生魚を酢で和えていて、他の魚や雉子は角に切って積み上げるように盛ったのであろう。左上には干物が四種あり、水で戻して煮るか、焼くか、していた。奥には八種類の菓子があり、右がくだもの系統の木菓子、左が唐菓子で、木菓子は果物の生か干したもので、唐菓子は油で揚げ、小麦粉が使われている。

その他に汁や羹などが運ばれ、四献から六献まで献杯があって、南簀子敷に移動し、穏座が行われ、穏座の宴会に入る。その料理は、仁平二年（一一五二）の藤原頼長の大臣大饗の時のものが詳しく記されている。木菓（梨・棗）・干物（干鳥・蒸鮑）・生物（雉子・蒸蠣）・窪物（海月・保夜）、薯芋粥（零余子焼をき加える）の九種である。

穏座は、その後、一献の酒が流れ巡し、諸大夫が管絃具を持参、「御遊」となり、拍子を大納言藤原実能、篳篥を大納言源雅、横笛を中納言藤原公教、琵琶を宰相中将藤原重通が演奏、「平調の調子」「伊勢海」「五常楽」が奏された。多くの公卿の宴では今様や楽が楽しまれていた。

中央と地方の食事の風景

保延三年（一一三七）九月二十三日の仁和寺殿の競馬に行幸した時の膳と酒肴は次の通りで（『類聚雑要抄』）、天皇以下、摂関・大臣・公卿それぞれの献立の違いがわかる。

天皇　酒盞　銀銚子（片口）　酒肴五種（鮑・千鳥・小鳥・海月、大盤に居ゆ）
　　　酒器（深草土器）　酒肴二種（カタノ剱、生鮑）　菓子一種（生栗）例酒器
　　　酒肴菓子二種、酒肴一種（以上、大盤を以て献ず）
殿下前　酒肴五種（酢塩）　盛菓子六種（以上色々薄様以て皆敷たり）以上折敷二枚
大臣前　酒肴四種（酢塩）　交菓子一坏（以上折敷二枚）
上達部　酒肴四種（中に交菓子を居ゆ）　以上様器（小春日）酒器例器也
　　　（以上、薄様を以て皆敷たり）

さらに、『信貴山縁起絵巻』の「飛倉」の巻には、信貴山の麓の長者の家の主屋の隣の部屋で、娘の習字のため招かれ、敷皮に座って高坏の飯（椀飯）を食べていた赤鼻の僧が描かれている。柱につかまり立って米俵の入ったままの倉が飛んでゆくのを見ており、そ

『信貴山縁起絵巻』「飛倉」の巻（新編名宝日本の美術第11巻『信貴山縁起絵巻』（小学館、1991年）より）

の倉が長者の家にどさっと落ちると、縁に立つ三人女が戻ってきた米俵に驚き、その一人の歯は黒く染めている。炉ばたでは女が座っており、裏門近くの菜園では女が瓜をもいでいて、近くの竈には荏胡麻油を蒸す大釜が置かれ、近くに薪がある。

「尼公」の巻には、信濃から弟の聖を尋ねて奈良に向かう尼が、途中の家に宿をとるため、棟門から入って旅装を解き、靴を脱いで腰掛けている。その縁には米俵があり、後ろに火桶、近くに須弥壇があって仏堂と見られ、そこに灯りと火鉢が網代垣を隔てた家から運ばれ、その堂守の家の縁では老男女が果物などを用意している。旅先での食事の接待を描くもので、院政期になると、庶民の食事や料理の風景が描かれた。

『粉河寺縁起絵巻』の第一話は、貧しい猟師の大伴孔子古の話で、絵は、木に架けられた踞木に乗って照射（ともし）をして鹿を射る場面に始まり、小さな溝に掛かる板橋を渡ると、生垣のある冠木門（かぶきもん）から犬が駆けてくる。その草屋根の家の板庇の下の表の間で、童の行者が訪ねてきて漁師と話をしている。家の中では、片肌脱ぎの猟師が右手で椀を持ち、左手で俎板の鹿肉を箸で摑み、すぐ側で子が串刺しの肉を食べるのを見ている。俎板をはさんで前にある荒薦に座る妻は、赤子を抱き折敷の上の椀に手を伸ばしている。庭には薦の上で肉が干され、薪に串刺しの肉、鍋などがあって、枠に張った鹿皮が生垣にもたせかけられて干され、近くで肉片を犬が食っている。

『信貴山縁起絵巻』「尼公」の巻（同前）

　ここにも庶民の食事風景が描かれており、特筆すべきは肉食をしている点で、公家において

庶民の肉食（『粉河寺縁起絵巻（模本）』、東京国立博物館蔵、出典：Colbase）

は肉食はタブーだったが、庶民の間ではそうでなかった。続く場面では、台所に荒薦、折敷の鹿肉、俎板の鹿肉、曲物が置かれ、軒先に肉片が櫛刺しで吊るされ、鹿の皮が木に立てかけられて干されている。

年中行事の饗宴と平泉の宴会

保元三年（一一五八）正月二十二日、「春は聖化の中に生まる」の題で、文人が天皇に漢詩を献呈し、管絃・舞などの御遊の内宴が華やかに行なわれた。この時には廃れていた舞姫が間に合わずに、仁和寺の童による童舞で急場をしのぎ、翌年正月二十一日の内宴には舞姫が舞っている。

この内宴を描くのが『年中行事絵巻』巻五で、平清盛が造営した仁寿殿の舞台で舞姫六人が舞を披露し終えた後、後宴において公卿が列座して、笙・篳篥・横笛などを奏していて、その傍らの衝重の上には料理が置かれている。『西宮記』によれば、内宴の料理は、先ず四種、次に餛飩素麺（うどんそうめん）、鮑の羹、盛物汁物とある。

楽器を演奏する公家衆（『年中行事絵巻』巻五）

仁安二年（一一六七）正月八日に御斎会があった（『兵範記』）。御斎会は最勝王経を講讃し、夜に吉祥悔過して国家安寧と護国豊穣を祈る七日間に及ぶ宮中での最も重要な法会であり、真言院御修法、御斎会竟日、御斎会布施、御斎会右近陣饗、御斎会内論議の順で行なわれ、『年中行事絵巻』巻六には、右近陣饗が描かれている。右近の陣は月華門のうち、校書殿の東庇にあり、下板敷の上に長押を設

右近陣饗（『年中行事絵巻』巻六）

け、公卿の前には朱塗の丸高坏が置かれ、殿上人の前には机が置かれている。

朝廷は藤原秀衡を嘉応二年（一一七〇）五月に鎮守府将軍に任じている。その秀衡の整備した平泉館の全貌を『吾妻鏡』文治五年、（一一九五）九月十七日条の寺塔已下注文が記している。平泉の館は、「金色堂の正方、無量光院の北に並び、宿館（号平泉館）を構へ、西木戸に嫡子国衡の家あり、同四男隆衡の宅相並ぶ」とあって、中尊寺の金色堂の正方に位置し、無量光院の北に並び、秀衡の子弟は館の周囲に配されていた。

その館跡の柳之御所遺跡からは、宴会用の大量のかわらけや、大陸渡来の白磁四耳壺、常滑産三筋壺などの酒器、絹を人々に与えるリスト

中宮大饗（『年中行事絵巻』巻六）

を記す折敷が出土し、郭内には多くの建物遺構がある。この平泉館ではしばしば宴会が行なわれていたことがわかる。

承安四年（一一七四）正月二日に中宮大饗が行なわれた。親王をはじめ公卿以下が、中宮と東宮の宮に参向し拝賀の礼を行なうもので、終わると玄輝門で中宮の饗を受け、ついで東宮の饗を受けた。この中宮大饗を描くのが『年中行事絵巻』巻六である。門の廊下の中には朱の台盤が置かれ、束帯姿の公卿が向かいあって椅子に腰かけ、その前の二間×二間の紅白の幄舎があり、釜を据えて料理の準備を進めている。このような公家の年中行事での料理の場面は珍しく貴重である。

二　料理の広がり

武士と寺の料理

源頼朝は治承四年（一一八〇）八月に伊豆で挙兵し房総半島を経て鎌倉に入り、御所を造営すると、十二月二十日にその「新造御亭」で主従関係を確認する儀式の椀飯が行われ、三浦介義澄が椀飯を献じた。翌年正月一日に頼朝は鶴岡若宮に参拝した後、千葉介常胤が椀飯を献じた際には、三尺の鯉が用意され、酒肴は数えきれないほどだった（『吾妻鏡』）。

この後、正月には有力御家人が椀飯を献じる儀式は恒例化し、承久の乱の後になると、

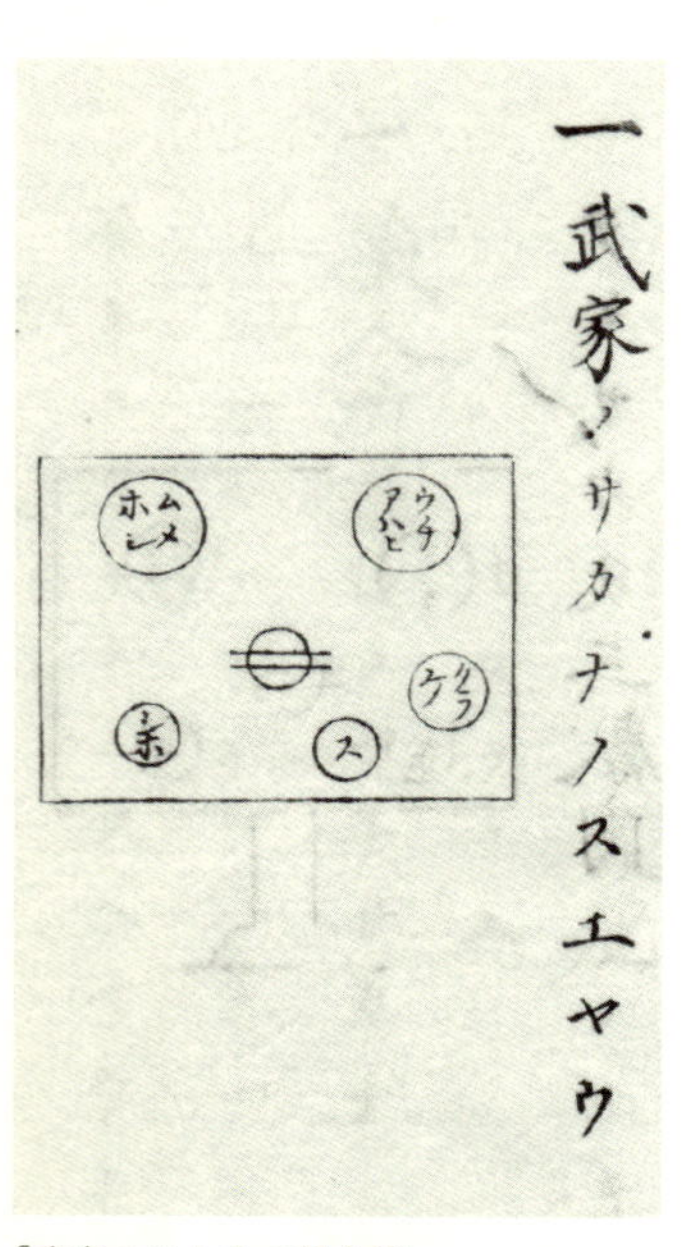

「武家のさかなの据え様」
（『世俗立要集』、国立公文書館蔵）

『世俗立要集』によれば、「武家のさかなの据え様」について、図のごとく梅干、打鮑、海月、酢、塩の五皿を並べたもので、乱前と比較して質素であった。この乱後の質素さを物語る話が『徒然草』に見える。

北条宣時（のぶとき）が執権北条時頼に呼ばれて駆けつけると、時頼が銚子に土器を取り添え出てきて、一人で飲むのも淋しいので呼んだのだが、肴もなくてといい、台所を探してくれ、といわれたので、宣時が小土器についた味噌を見付けたところ、それにしようということになって、酒を飲み一夜を過ごしたという。

建保二年（一二一二）正月二十八日、源実朝（さねとも）は二所詣に赴いて、二十九日に箱根と三島社、二月一日に伊豆山に奉幣し、三日に鎌倉に戻り供奉の人々と酒宴を開き、「終夜、諸人淵酔」の状態になった。その二日酔いから体調の悪いのを見た栄西（えいさい）が、「良薬」と称し

無間地獄の酒宴（『北野天神縁起』、北野天満宮蔵（続日本の絵巻15『北野天神絵巻』（中央公論新社、1991年）より）

茶を勧め、「茶徳」を『太平御覧』等から書き出し『喫茶養生記』を献上し、この後、茶の飲用が始まった。

承久元年（一二一九）にその将軍実朝が殺害されると、それとともに後鳥羽上皇による倒幕の動きが始まった。その倒幕に動く上皇に危機感を抱いた慈円は、それを引きとめるべく『愚管抄』を著したが、この政治状況から菅原道真こと天神の生涯を描く承久本『北野天神縁起』（北野天満宮蔵）が制作されている。

話は「王城鎮守神々多くましませど、北野宮の利生殊に優れて」と始まり、北野天満宮の利生譚を描き、その巻八には無間地

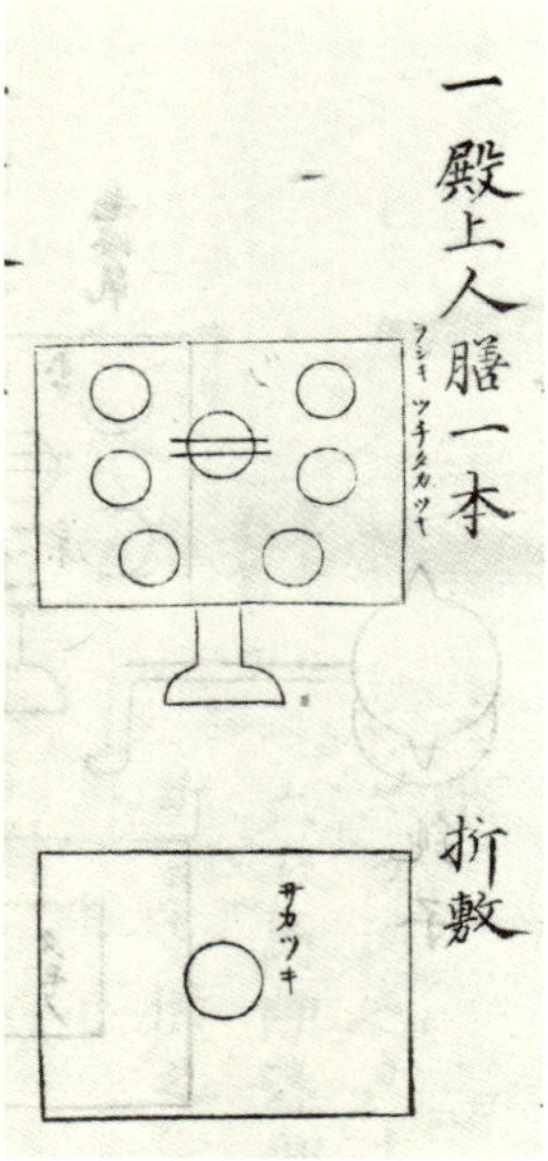

殿上人の膳（『世俗立要集』、国立公文書館蔵）

獄の酒宴の場面がある。板敷の上に八人の男が車座になり、縁側で酩酊する人や、食べ物や太鼓樽を持ちこもうとしている人を含めて十四人、宴座の中央には食べ物の載る磁器の大鉢があり、配膳前の食べ物が盛りつけられていた大鉢を台所からもってきて使用されたのであろう。

安貞元年（一二二七）十月一日、藤原定家は夜になって伝え聞いたところでは平座（ひらざ）により権大納言藤原実親（さねちか）、中納言源通方（みちかた）、参議の藤原伊平（これひら）・為家（ためいえ）、弁の有親（ありちか）・親俊（ちかとし）・為経（ためつね）、少納言為綱（ためつな）が着座し、少納言が初献、右少弁が二献、左少弁三献あり、盃を参議の座に留め、三献の後、侍従を召し、二献の後、飯汁があったという。『世俗立要集』によれば、殿上人の膳は図のようである。

寛喜二年（一二三〇）に大飢饉が起き、その「天下飢饉して貴賤おほく餓死しける」時

「天下飢饉して貴賤おほく餓死しける」
（『春日権現験記絵（模本）』巻十五・五段、東京国立博物館蔵、出典：Colbase）

の話を『春日権現験記絵』巻十五の五段が載せる。興福寺別当の実尊僧正の下で寺の修理事務を担当していた紀伊寺主は、米を寺家用に天井裏に隠し置いて、学生（がくしょう）からの食料の提供の頼みを拒否していたため、春日の神の怒りにあい、神の化身である僧の手で米蔵の米が放り出される夢を見て、神の怒りを知り学生の住む僧房に食料を届けた。

絵は、紀伊寺主の使者の坊主が僧房の戸を叩いており、近くには担いできた天秤棒が置かれ、その両端に米俵と牛蒡が結わえられている。僧房の瓦屋根越しに見える渡り廊下に続いて、縁のある板敷の食堂があって、畳が敷かれ、僧や束髪の稚児が膳の上の飯を食べており、縁には束髪の童が膝をついて食事を奉仕している。僧房での食事の風景を描くもので、他に例がない図である。

様々な絵巻に描かれた食事の様子

戦乱や飢饉があった世相を反映して描かれたのが『病草紙』『餓鬼草紙』などの六道絵である。かつては院政期に描かれていたと見られてきたのだが、その図様などから鎌倉中期に描かれたと、考えられている。

『病草紙』の関戸家本とその断簡を整理すると、①鼻黒の一家、②不眠症の女、③風病の男、④小舌の男、⑤屎（くそ）を吐く男、⑥二形、⑦眼病の治療、⑧歯槽膿漏の男、⑨痔瘻の男、⑩毛虱、⑪霍乱（かくらん）の女、⑫せむしの乞食男、⑬口臭の女、⑭嗜眠癖の男、⑮あざのある女、⑯白子、⑰侏儒（しゅじゅ）、⑱背骨の曲がった男、⑲肥満の女、⑳鶏に目をつつかせる女、㉑小法師の幻覚を生ずる男などからなり、絵は様々な病気や奇形の症状をやや誇張があるものの、リアルに描かれている。

歯槽膿漏の男は、詞書が「男は」と始まり、歯がみなゆるぎ、少しでも固い堅いものは噛み割れないとして、萎え烏帽子の男が口を開けて指で歯をつまんで、小袖姿の妻にその痛さを訴えている。食事の最中と見え、折敷には山盛りの飯に箸が刺さっており、魚や菜などの皿、汁の入った椀が並んでいて、庶民の日常の食事内容がうかがえる。男の方から見て、右脇に汁椀があり、左に飯椀があって、飯と汁の向こうに三種類の菜が見え、汁が一汁、菜が三種で三菜、一汁三菜の食卓であって、これが日本料理の基本形である。三菜はいずれも浅い皿に積まれ、皿も椀も黒く描かれており、朱漆の文様らしきものも見え、漆器のようである。漆器は土器とは違い、洗っても何度も仕えろ日常の道具で、安価に購入できた。鎌倉での発掘調査で多くの漆器が出土しており、庶民は漆器を使って食事をとっていた。

歯槽膿漏の男
（『病草紙』、東京国立博物館、出典：Colbase）

河本家本『餓鬼草紙』は、『正法念処経餓鬼品』に説かれる三十六種の餓鬼の姿を描くもので、詞書はない。その第一段の食人精気餓鬼は、生前に人を騙して財産を奪った者がなる餓鬼で、絵は、室内に枡形に並ぶ五人の貴族の前に、高坏に小皿と折

酒宴（『餓鬼草紙』、東京国立博物館蔵、出典：Colbase）

敷が置かれ、二人の女房を交えて酒宴が開かれている。琵琶と横笛、拍子木を貴族が、箏と鼓を女房が演奏し、歌が謡われるなか、小さな餓鬼が貴族の肩や膝にとりついている。

貴族の御遊は、様々な形で行なわれてきたが、具体的に描いている例としては既に見た内宴があって、そこでは楽器演奏を済ました後のものであるが、ここでは演奏を行ないつつ食事をとっている。そのことから、公式の行事後の御遊とは違い、貴族が集まっての遊びの風景であり、それだけに餓鬼がとりついでいるのである。

『直幹申文絵詞』の第一段は街の光景を描く。板壁の筵（むしろ）が敷かれている家の中で頭巾に鉢巻の二人の女が据えた臼の中の物を交互に竪杵でつ

街の光景(『『直幹申文絵詞』第一段』、出光美術館蔵(新修日本絵巻物語集 第30巻『直幹申文絵詞ほか』(角川書店、1980年)より))

いている。戸を隔てて見世棚となり、その戸口には薪が置かれ、鉢巻姿の女が垂れ布の前に座り、桶のなかの煮物を箸で摘んでいる。前には小皿が数枚、見世先には団子や魚、果物が並び、草履が吊るされている。隣の板葺屋根・板壁の見世棚では、柱と柱の間を掛竿を通して蠟燭や草履・布が吊るされ、その前に設けられた棚には魚や曲物桶が置かれ、棚を支える柱下に薪がある。道では見世の女に向かって、頭巾の女が大きく丸い曲物檜桶を前にして手振りよろしく話しかけている。卸商売の女であろう。

鎌倉中期制作の『住吉物語絵巻』(東京国立博物館蔵)の物語の結びに相当する場面は、

住吉の浜の松の下での酒宴（『住吉物語絵巻』東京国立博物館蔵、出典：Colbase）

住吉を訪れた中将の徒然を慰めるために集まってきた侍が、住吉の浜の松の下で、酒宴を催しており、車座に座る侍の前には、二つの折敷が置かれ、一つには小皿が、もう一つに食べ物が載り、奥の侍は盃を手にしており、盃が回されていた。右側には太鼓樽二つに、食べ物の盛られた漆器鉢が二つ置かれている。野外、浜辺での酒宴とは珍しい風景である。

精進料理と武士の食事

『徒然草』によれば、足利左馬入道義氏の許に、北条時頼が鶴岡八幡宮の参詣の折に訪ねたところ、座には亭主夫婦と隆弁僧正がいて、出された饗は一献が打ち鮑、二献が海老、三献でかき餅という質素なものだったという。武家も公家にならって乾杯することを三度繰り返す式三献の礼で膳を出していた。

大陸に渡って帰朝した道元(どうげん)は、嘉禎三年（一二三七）に『典座(てんぞ)教訓』を著し、食事作法を示す『赴粥飯法(ふしゅくはんぽう)』を寛元四年（一二四六）に撰述、禅林では食事を用意する典座が重要な役であり、食材を集め料理すること、それ自体が坐禅とかわらぬ「行」とした。

調理にあたっては、「手ずから親しく見、精勤誠心にして作せ、一念も疎怠緩慢たるべからず、一事を管看し、一事を管看せざるべからず」と細かい点にまで目を注いでいて、一瞬も気をゆるがせにしないよう、禅を行じる時と同じ心構えで、米を選び、野菜を選ぶときも、かまどの神に経をあげ、献立を考える。道元が典座の仕事が重要と考えたのは、中国で老典座と出会って強い衝撃を受けたからで、ここに精進料理が始まった。

『古今著聞集』の飲食部に次の話が見える。三条中納言公親は大食で太って苦しく、六月の頃に医師を呼んで診てもらったところ、朝夕のご飯を少し減らし、熱い頃なので、「水飯漬けを時々召されよ」と言われたので、ある日、その医師を呼んで、食事の様を見せた。

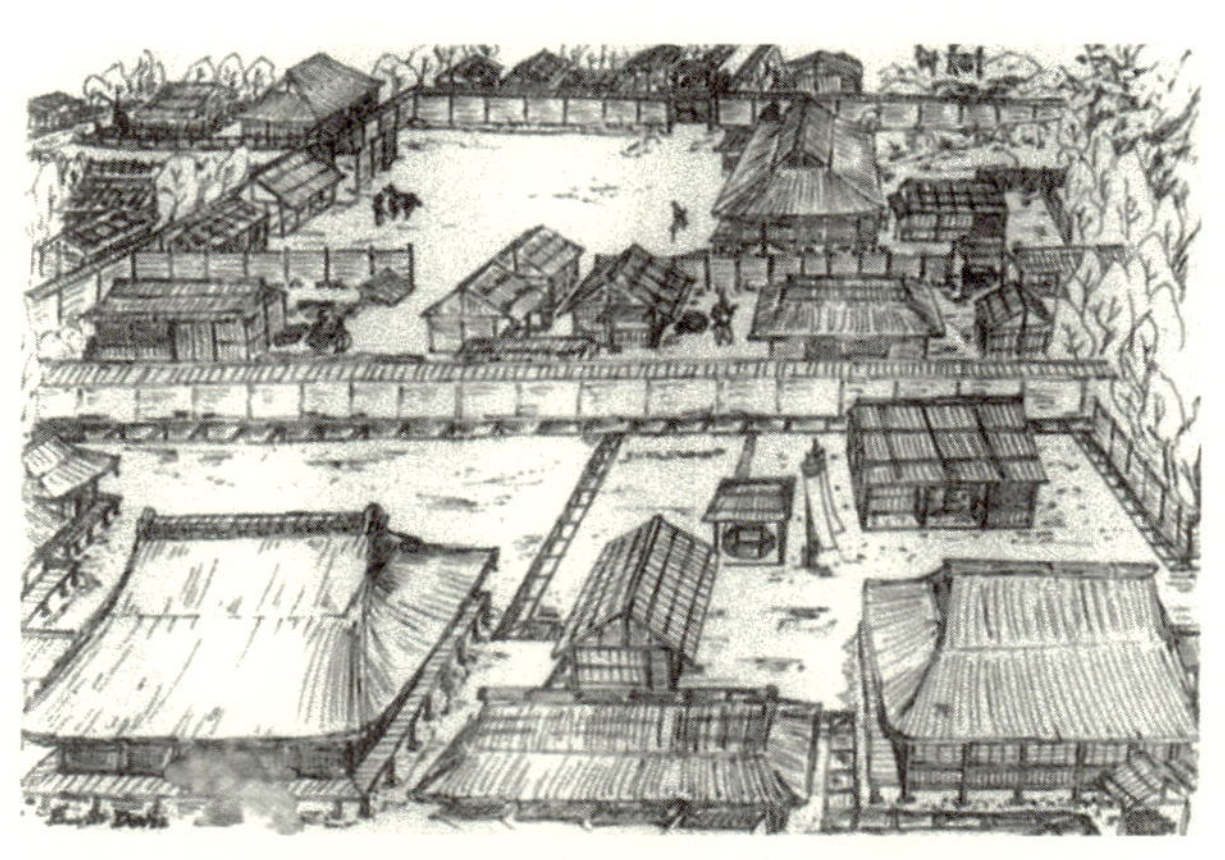

今小路西遺跡の屋敷復原想像図（河野真知郎「武家屋敷の構造」（石井進・大三輪龍彦編『よみがえる中世』第3巻「武士の都鎌倉」平凡社、1989年）より）

青侍が口が一尺五六寸の銀の鉢に水飯をうづ高くもり、匙をさして持って来、また一人が鮎のすしを持ち来て、またまた青侍が高坏に大きな銀器二つ据え、中納言の前に置いた。中納言は二の器に水飯を入れ、すしを前におしやると、水飯を二かきばかり口にかき入れ、すしを一つ二つずつ一口に入れて食べる事、七・八度で鉢の水飯、鮎のすしもすべてなくなった。これを見た医師は、水飯をこのように食べるのか、とばかりに逃げたという。

鎌倉では発掘調査が各所で行なわれており、若宮大路の西を南北に通る今小路を、寿福寺前から南に下って行くと、今小路西遺跡がある。南北に屋敷があり、北側の屋敷は軒瓦が出土し、五間×五間の檜皮葺屋根の大棟に瓦を積んだ寝殿があり、東側に対屋のような日常の居所、西側には厩と見られる建物に続いて、大型の接客風建物があって南面の庭に玉砂利が敷かれ、六角の井戸がある。

主な出土遺物に酒会壺が八個、白磁・青白磁器の小壺、青磁の水差などがあって、足利義氏のような幕府の有力者武士の家ないし別宅と考えられ、賓客を接待し、宴会が行なわれていた。この武家屋敷の北にあった武家屋敷跡からは、屋敷警護の武士の「結番交名」が組板の裏に書かれていた。

『一遍聖絵』第四巻・第一段（五味文彦『『一遍聖絵』の世界』（吉川弘文館、2021年）より）

一遍の生涯を描く『一遍聖絵』は多くの食事に関わる風景を描いているので見てゆこう。第四巻の第一段は、建治二年（一二七六）に筑前の武士の屋形に一遍が訪れた時の話。絵は、武士の屋形の板葺屋根の建物の板敷に高麗縁の畳が敷かれ、酒宴を行なっている。後ろに琴が置かれ、鼓を手にした遊女を中に、左に侍烏帽子の主人が扇を持ち、右に盃を手に客人が座り、各人の前に折敷があって円座が二つ見える。客人の傍らでは童が座り、長柄の銚子で奉仕している。縁には、主人の左手に酒瓶を持つ垂髪と、太鼓樽を前にする侍烏帽子の男が座り、童の後ろには鼓を手にした立烏帽子の男と、摺鉦（すりがね）を手にした子が座り、客人の後ろに盆石が置かれていて、武士の家での宴会の風景である。

一遍は九州を回った後、弘安元年（一二七八）に備前の福岡の市に来て念仏を勧めた。藤井の政所で吉備津宮の神主子息が妻女を出家させたことに怒って、市に駆けつけ対決している、その広場に面して、筵で背を囲った見世小屋と、大型の壺を横倒しに並べた小屋があり、道筋の両側に草葺、切妻造、掘立柱の小屋が三つある。見世小屋の前には市女笠の女二人、頭巾の男、侍烏帽子の男二人、頭巾の男、市女笠の女がいて、壺小屋の前に法衣の坊主、侍烏帽子・直垂の男、衣被きの女、赤子を負う頭巾の女、塗笠の男、少し離れて少女の手を引く広包を頭にかぶる女、二人の子が駆け寄っている。

手前の小屋では、市女笠の女二人と折烏帽子男が物を売り、その背後で侍烏帽子の男が

福岡の市の様子（『一遍聖絵』第四巻、国立国会図書館蔵）

琵琶を弾き、頭巾の女三人と下げ髪の女が布の大包を前にして売り、背後で食事の余りを期待する乞食二人、その近くに大きな壺三つが並んである。向かいの小屋では、男が膝をついて小屋の筵に座る女に何やら捧げていて、その前で侍烏帽子の男が足駄を売っている。小屋の中には下げ髪の女を含め七人の女、小屋の前には銭を持って立つ侍烏帽子の男に売ろうと布を示す市女笠の女がおり、坊主頭の男と布を手にした衣被きの女が座って見世の女と交渉している。

次の小屋では、奥に積まれた米俵に肘をつく男、その前で枡を手にして米を、客の男の持つ袋に入れようとする男、その二人の前に立って米を出す男、その様子を座って見る頭巾の女と市女笠の女がおり、板壁をはさんでそれを背にする男の前には、鳥や魚が見世店に並べられており、その近くで男が俎板の鯉を調理し、客の提げ髪の女は鉢をそばにおいている。そして最後が魚を天秤棒で吊るした男である。小屋の中に描かれた陶器の壺は、市近くには備前焼産地があり備前焼の大壺であろう。この市で買った品物を材料に料理が行なわれたのである。図はその市の場面である。

『一遍聖絵』の食事風景

弘安五年（一二八二）の一遍の鎌倉入りは、時衆の集団についてきた徒衆（あとについてくる人々）の存在を理由にして拒まれたため、一行は鎌倉の山中で一遍を中心に時衆がやすんでいると、鎌倉の人々が食事を持って訪れた。

下げ髪の男が柱松明の火をつけている近くには、鍋や食籠が置かれ、三人が鍋を囲んで汁をすくって椀に入れ、その椀を折敷で運んでいる。食料は、松明をかざす男と天秤棒を横に置く男の間にあって、大きな脚付の行器（ほかい）で運ばれてきている。女たちが四角の曲物を頭上にして運んで来ると、頭巾法衣の女がその曲物を受け取ろうとしている。山中での食事の風景である。

三月三日には片瀬の館の御堂で断食し、念仏を称えており、堂の屋外には多数の男女道俗が取り巻いて結縁、少し離れたところに貴人の輿があり、消息を手にした坊主が館の御堂へと向かって走って来るのに続いて、乞食小屋が両側に並ぶ道を、頭巾姿・法衣の尼、笠をさし鉢巻姿の笈を背にした僧が歩いている。

山中での食事の風景（『一遍聖絵』第五巻、国立国会図書館蔵）

乞食小屋では、乞食や頭巾姿の老婆が屋根の烏を追い、掘立柱板葺で薦壁の小屋の乞食が、屋根の開いた穴からのぞく烏を見ており、鍋の火加減を見る二

乞食小屋の様子（『一遍聖絵』第六巻、国立国会図書館蔵）

人、椀によそった飯を食べる鉢巻姿や小屋の中で話をする二人もいる。

第四段は、弘安六年に尾張の甚目寺に着いて七日間の行法をしていた時の奇瑞を描く。甚目寺で七日間の行法をし供養が尽きてしまうが、一遍は、断食によって法命が尽きることはなく、宿願は必ず果たす、と時衆を宥めた。するとその夜、近くの萱津宿の二人の「徳人」（富裕者）の夢に、寺の本尊の傍らにある毘沙門天が現れ、大事な客人をもてなすよう言われたことから、翌朝に食事を寺に運んだところ、毘沙門天が台座を降りて歩んできたという。

次頁の絵は、萱津宿の入道姿の徳人のいる檜皮葺入母屋造の家に始まり、その宿から、荷唐櫃の食事を天秤棒で運ぶに男たちや、頭に桶や箱を乗せて運ぶ女たちが、寺の南大門と四角い池の間を通ってゆく様子を描く。御影堂本に

甚目寺での行法(『一遍聖絵』第六巻、国立国会図書館蔵)

はこの場面について、もたらされた食事を時衆や徒衆に施行する風景を描いている。

一遍は京に入り四条釈迦堂で踊り念仏を行なった後、雲居寺や六波羅密寺などの東山の寺を巡礼、空也が市中の民衆に熱狂的に迎えられて口称念仏を弘めた遺跡である七条市跡に市屋道場をつくり、その道場で四十八日を過ごした。次頁の絵は、その市屋の道場での踊念仏の風景を描く。

舞台では一遍を中心に時衆が法悦の表情で、足を高く板を踏み鳴らすのを、観衆が下から見上げ、輿や周りに設営された桟敷から見ている。その桟敷は板葺や草葺、遣戸・板扉・蔀・戸板を置いたもの、屋根がなく大笠をさすものなどがあり、正面に御簾を垂らし、幔幕や屏風・莚で囲っている。

市屋の道場での踊り念仏（『一遍聖絵』第七巻、東京国立博物館蔵、出典：Colbase）

物売りの女が桶や行器に食物を入れてきており、太鼓樽が運ばれて酒宴が開かれている。牛車四両のかたわらの桟敷は囲いや覆いもなく棚状である。

桟敷は、賀茂祭や祇園祭などのものがよく知られ、それは道に面しての見物席として設けられたのであったが、この場合は広場に設けられた建物の見物のためのもので、そこで食事をとる風景は、後の能や演劇の芝居の源流であった。

一遍はその後、山陰道を経て美作を経て、弘安九年（一二八六）に摂津四天王寺に参り、河内の聖徳太子の墓に参ったのち、大和の当麻寺を訪れた。寺への参道の両脇に溝、垣、

食事の風景（『一遍聖絵』第八巻、国立国会図書館蔵）

冠木門に門守を吊るした板葺民家があり、正面五間、側面三間、入母屋造、檜皮葺の曼荼羅器堂に行き着く。内陣に曼荼羅を納める厨子があり、一遍の前には十二光箱が置かれて尼僧が座り、時衆は食事の最中。近くでは大きな飯櫃・小さな飯櫃から忙がしげに飯を椀によそう者、濡れ縁に立って、庭から僧俗が差し出す食料を取り次ぐ者、僧が差し出す椀飯を受け取る尼僧などがいる。住僧の前の縁には余った食事を乞う人々が集まっている。

三　料理の文化

料理の仕度と提供

本願寺三世の覚如（かくにょ）の生涯を描く『慕帰絵詞』の巻二の一段は、弘安六年（一二八三）に山門の碩徳と言われた竹中宰相法印宗澄（そうちょう）に天台宗を学んだ話で、絵は、宗澄邸での宗澄と十四歳の童の覚如が対面している場を描く。

宗澄は壮麗な屏風を背に座り、二つの膳には料理が並び、隣りの台所から料理を運んでくる浄衣の僧がいる。その厨房では今しも調理と食事の最中、配膳棚に大鉢や小鉢が並び、

衝重が積み重ねられ、その前であえものや飯を前にした坊主が隣の坊主と笑いながら、小皿に飯を盛っており、青磁の酒壺二つと鉢を前にする坊主は後ろを振り返っている。火櫃の前にすわる坊主は五徳の上の鍋の煮え具合を柄杓でかき混ぜて見ており、近くには水桶・すり鉢が並び、いろりでは炭火で土瓶が暖められ、火箸が刺さっている。

僧坊での食事の支度する様子が、このように具体的に描かれていることはなかったことであり、それだけ料理への関心が高まっていた。豊かな僧の日常の食事がどのようなものであったかを知ることもでき、質素な武士の食事とは極めて対照的である。

円爾弁円（えんにべんえん）や栄西・道元などの入宋した禅僧が帰

『慕帰絵詞』巻二・一段（国立国会図書館蔵）

朝し、蘭渓道隆・無学祖元らの渡来僧の来朝、そして文物の流入などとともに唐膳がもたらされたことから、武士の食事も大きく変わっていた。鎌倉幕府の奉行人の中原政連は、延慶元年（一三〇八）に『政連諫草』を提出し、執権を退いた北条貞時が僧侶を招いて供養し、仏道を尋ねるのはよいにしても、それが一日おきに行われ、美々な膳が設けられ、「薬種を唐様の膳」に加えるのが倍増しているのはよろしくない、と諫めている。幕府では唐膳による接待が行なわれるようになっていた。

鎌倉末期制作の『春日権現験記絵』の巻一の第三段には、建築工事の場面が描かれている。工事が一段落して休憩に入った小屋で、数枚の板が立て掛けられ、左側では間食中の者たちがいる。鼻をつまんで椀の汁を捨てる者、汁椀に注いでもらう者、胡坐をかいて食べる者二人、汁椀を差し出す者などがいて、その椀に汁をつぐ鉢巻の女の近くには湯気の

『春日権現験記絵（模本）』巻一・第三段（東京国立博物館蔵、出典：Colbase）

出る曲物桶、酒壺、四角の曲物があり、後ろには食事の余りを求める乞食がいる。

同じ頃に描かれた『天狗草紙』や『石山寺縁起絵巻』にも、大工の建築現場は描かれており、大工の活動が目立つが、このような食事の風景は描かれていない。大工のみならず職人が広く描かれるようになっていたのであり、その一つに京の職人の活動を和歌絵巻にした『東北院職人歌合絵巻』が、京の東北院の念仏に集まった二十四人の「道々の者」（職人）の歌合がある。医師と陰陽師、仏師と経師、鍛冶と番匠、刀磨と鋳物師、巫女と盲目、深草と壁塗、紺掻と筵打、塗師と檜物師、博打と舟人、針磨と数珠引、桂女と大原人、商人と海人らが番っての歌・絵を載せる。

『慕帰絵詞』の巻五の三段は、林山の幽閑を愛した覚如が正和四年（一三一五）に歌集『閑窓集』を撰集し、院の叡覧に及んだ話を描く。それに向けての歌会は、柿本人麻呂の影を前に飯と植物の高坏（たかつき）が置かれ、円座が二つ、稚児が側に控え、敷かれた畳の上に僧三人と貴族四人が車座になって歌を考え込む。

歌会の後には宴があり、僧が会の部屋に向かって盆に入れ食べ物を運ぼうとしている。廊下の端に風呂釜が置かれ、僧が点茶の準備をしており、隣りの台所の傍らの棚には、盆に数個の天目と台、茶筅や数種の茶器が見え、折烏帽子男三人と坊主三人が料理をしている。箸でそうめんを椀に盛る男、鉢の中の汁を杓子で掬う坊主、それに椀を差し出す男、近くで見る坊主、もう一人の男は俎板で魚を包丁でさばいていて、その前の囲炉裏には串焼きが刺さっている。厨房の香りは歌会の場に漂っていたことであろう。

調理された料理は、大鉢や大皿に盛られ、次に個々の小皿に盛りつけられ、各々の膳に配膳され、その膳を飲食する部屋に運びこまれたのである。

このように本格的に料理の風景を描くことはこれまでになく、料理の文化が大きく変わったことを物語っている。『慕帰絵詞』の六巻の二段は、ある年の春、日野故亜相（こあしょう）（俊光（としみつ））が東山の花見のために覚如の房舎を訪れて交遊した際、向かいにある速成就院の鐘の

『慕帰繪詞』巻六・二段(国立国会図書館蔵)

『慕帰繪詞』巻五・三段（国立国会図書館蔵）

声が聞こえるなか、「花間鐘」と題して歌に興じた話である。

絵は、檜皮葺きの建物に接し、もう一つの建物から出てきた坊主が苞を運ぶ。その向かった先は塀に造り付けられた常設の桟敷で、その屋根は檜皮葺、二階建で、梯子を登ると、コの字型に敷かれた畳に僧俗が座り、奥には扇を使う俊光がいて、その前に衝重が置かれ、側の稚児の前にも衝重がある。

階下では饗宴の準備で大わらわ。果物が玉髻の子によって運ばれ、太鼓樽が坊主から手渡され、板敷の間では酒壺から酒が銚子に注がれ、汁鍋や多くの小皿のあるなか、整えられた膳を持ち、階段を登る配膳掛がいる。

常設の桟敷での酒宴と、その料理を、一段低い小部屋で行なっている様が詳しく描かれており、一遍の市屋道場における桟敷とは違い、酒宴そのものが目的で、場所を変えて近くの寺の鐘の音を聞きながら、酒宴を楽しんだのである。

様々な人の食事の有様

兼好の『徒然草』一一九段は、鎌倉では最近になって鰹を珍重するようになったが、年寄の話では自分らが若かった時までは、れっきとした人の前にだすことはなかったと語る。京で珍重されていたのは鯉であった。二三一段では「園の別当入道」という貴族が「さうなき包丁師」としての名声高く、「いみじき鯉」を見事にさばいた話を載せている。園家の包丁は一代で終わったが、高倉家が服飾の家として継承されたように、四条家が包丁を家職とし、四条流として継承されてゆく。

元亨四年（一三二四）十一月一日、花園院（はなぞのいん）は、後醍醐（ごだいご）天皇の近臣の日野資朝（すけとも）や俊基（としもと）らが茶寄合と称し、衣冠もつけず、ほとんど裸同然で乱遊をしていると聞き、元弘二年（一三三二）六月五日には、「飲茶勝負あり。懸物を出さる。茶の異同を知るなり」と、茶の飲

『絵師草紙』（宮内庁三の丸尚蔵館蔵、出典：Colbase）

みあての茶勝負が行なわれた、と聞いている（『花園天皇日記』）。『後光厳院記』にも「飲茶勝負」のことが記されており、茶寄合や茶勝負が始まっていた。

鎌倉末期制作の『絵師草紙』（宮内庁三の丸尚蔵館蔵）は、ある貧しい絵師が伊予国に所領を与えるという綸旨が到来したので、喜んで、「老母をはじめとして、疎からぬ輩と賀酒をのみけるが、はやゑいぬれば、乱舞一声」に及んだその場面を描く。男たちは板敷の上に円座を敷いて座り、畳は部屋の奥に敷かれて女たちがその上に座っている。各自の前に折敷が配膳され、部屋の中央には火鉢がおか

『善教房絵』（サントリー美術館蔵、（斉藤研一「中世絵画に見る宴―野外での酒宴を中心に」（小野正敏・五味文彦・萩原三雄編『宴の中世』高志書院、2008年）より））

れているが、食器類は見当たらない。

後醍醐天皇の建武政権下で起こった多くの混乱を、二条内裏の前の河原に掲げて、皮肉ったのが建武元年（一三三四）八月の『二条河原落書』である。「ハサラ扇ノ五骨」「関東武士ノカコ出仕」と、華美で異様な道具・衣装、行動を批判しており、足利政権が建武三年の定めた『建武式目』は連歌・闘茶・田楽などの華美な風俗・風潮を批判して「婆佐羅と号し専ら過差を好み、綾羅錦繡（りょうらきんしゅう）・精好銀剣・風流服飾、目を驚かさざるはなし」と記したようにバサラの文化がひろがった。

庶民の料理を描いているのが『善教房絵』である。善教房が、ある貴族の屋敷を訪れ、浄土の教えを家の者に説く様子を描いた作品で、家の台所で生物を調理している料理人に向かって、説経したところが、調理中の源七が、「どこから見ても新鮮な鯉だ、ああ膾だ」と言うのを聞いて、次のように語る。

それはそなたの先立った母だとは知らないのか、それをこう調理しているのをどう思うか。あの絞められた鳥は、かの人が生まれ変わったものであり、あの兎は二羽とも、この主どもの両親が変化したものだ。

かように鳥や兎を調理する料理人に向かって説教、囲炉裏を囲んで鍋で煮て食べる者に向かっては、素晴らしい食べ物と言って舌鼓をうちながら食べるのは悲しい、あらゆる食べ物は我々この世にある者の父母であるから、それを殺して食べる人は、仏の道にいるといえようか、と説くが、これに源七は、「狩人や、網で漁をする人が往生するのは、どういうわけでしょうか」と問い返している。料理の文化は庶民にも広がっていた。

茶会と接待の料理

『慕帰絵詞』巻八の一段は、貞和二年（一三一六）十月に覚如が大原の迎講に結縁するために、大原の別業に赴いた時、勝林院五坊に尋ね、しばらく休息して障子に「住まばやと心留めて山深み　しぐれて帰る空ぞ物憂き」と書き付けた話である。

絵はその和歌を障子に書いている部屋の手前が厨房の一角。上段には長柄の銚子が付せられ、傍らに土器が重ねてあり、折敷に菓子が盛り上げられている。続いて火炉に釜が掛けられ、湯が煮えたぎり、その上の煙出しの壁に串柿が吊るされ、手前には

『慕帰絵詞』巻八・一段（国立国会図書館蔵）

水の入った火桶、漆器の椀などがあり、竈には大鍋が二つしかけられている。

ここには料理の準備が万端整った台所の風景が描かれている。絵師は料理の風景を多角的に描くのに腐心したのであって、料理文化がいかに大きく広がっていたことがわかり、それはバサラの文化とともにあった。

『太平記』の「武家富貴の事」には、佐々木道誉ら大名が日々寄り合って茶会を開き、寺の境内を唐物で様々に飾りつけ、本堂の庭の桜の木四本に真鍮の花瓶をすえ花を立て、香炉に名香を焚きあげたので、その香りで辺りが包まれ浄土にいる心地がしたという。

その茶会では、大名が富貴を謳歌して身に錦繡をまとい、食は八珍を尽くし、百服の本非の飲みわけを楽しみ、異国・本朝の重宝を集め、百座の粧を競い、勝負ごとに染物・色小袖・沈香・砂金・鎧などを掛けていた。異国の諸侯が「食膳方丈」と座を囲んで四方一丈に珍物を備えたのに劣らぬよう、「面五尺の折敷に十番ざいを調へ、百種五味の魚鳥、甘酸辛苦の菓子ども、色々様々居ゑ双べたり」と豪華な料理に舌鼓をうったという。

この唐膳の料理は、鎌倉後期に幕府奉行人が得宗貞時を諫めたように始まっていたが、バサラ文化とともにいっそう豪華になっていたのである。

往来物の『喫茶往来』は玄恵法印作とされるも、南北朝末期に書かれたものである。昨日の茶会にお出でいただけなかったのは、無念の至極、と伝えて始まる。その会所は客殿に珠簾を掛け、前の大庭に玉砂を敷き、軒に幕をひき、窓に帷を垂らし、好士が集まった後、初めに水繊酒（すいせん）を三献、次に索麵を一返、山海珍物で飯を進め、林園の美菓で甘哺（かんほ）し、退席する。その後、珍しき御殿、桟敷を二階に建て、四方に眺望す。これ則ち喫茶の亭、対月の砌なり、とあって、料理を食べた後に、茶の湯を楽しんでいる。

『庭訓往来』は、正月の子（ね）の日（にち）の遊びには「一種一瓶」を持参して臨むこと、武士の館には「茶園」をもうけること、「市町の興行」では、辻子・小路を通し、見世棚を構え、絹布の類や贄菓子などの売買の便があるよう計らうことが必要であると語る。

武士の館に来客の際には、「配膳・勧盃・料理・包丁あるいは盛物以下を準備するよう求めた書状には、能米・大豆・秣・糠・藁・味噌・醬・酢・酒・塩梅、さらに初献の料に海月・熨斗鰒・梅干、削り物は、干鰹、円鰒・干蛸・煎海鼠、生物は、鯛・鱸・鯉・鮒・なよし・王余魚・雉・兎・雁・鴨・くぐい・とう・鶉・雲雀・水鳥・山鳥一番、塩肴は、鮎の白干・鮪の黒作り・鱒の楚割（背ひらき）・鮭の塩引・鯵の鮨・鯖の塩漬・干鳥・干兎・干鹿・干江豚（ほし肉）・豕（猪）の焼皮・熊掌・狸の沢渡り・猿の木取・鳥醬・蟹味噌・海鼠腸・うるか・烏賊・辛螺・栄螺・蛤・蝦交じりの雑喉・氷魚などを買って、進めるように、と答える。客への接待の様がうかがえる。

仏寺の臨時の客へのもてなしは、点心は、菓子の水繊、粥の紅糟・糟鶏・鼈羹・羊羹・、猪羹・笋羊羹・驢腸羹・砂糖羊羹・饂飩・饅頭・索麺・碁子麺・水団・巻餅・温餅、菓子は、柚柑・柑子・橘・塾瓜・沢茄子など、そのほかに伏兎・鈎煎餅・焼餅・しとぎ・興米・索餅・糒・粽などを用意、茶道具や折敷・追膳・しゃづ・豆子・皿を整える。

斎の汁は、豆腐羹・辛辣羹・雪林菜（おから汁）・三和羹・諸蕷（自然薯の汁）、笋羅蔔（竹の子汁）・山葵・冷汁などで、菜は繊羅蔔・蒟蒻・煮染の牛蒡・昆布・烏頭布・荒布・黒煮の蕗・薊。蕪の酢漬・茗荷・薦の子・蒸物・茹物・茄子・酢菜・胡瓜・甘漬・納豆・煎豆・茶・苣・園豆・芹・まづな・差酢の若布・青苔・神馬藻・海雲・曳干・甘苔・塩苔・酒煎の松茸・滑茸・平茸の雁煎などを引き、以後の菓子は、生栗・かち栗・串柿・熟柿・干棗・花梨子・枝椎・菱・田烏子・覆盆子・百合草・野老・零余子等を用いるべきであるなどと、精進料理での接待の仕様が記されている。

食材の流通と本膳料理・酒宴

京都は南北朝期から室町期にかけて商業活動が盛んになって、祇園社の綿座商人のように洛中に散在する商人が増え、東寺の南大門前には一服一銭の茶売りが現れた。この南大門前は交通の要衝で、東寺は南口に応永十一年（一四〇四）に関を置き、関銭を車別十銭、旅人一銭、商人二銭、商売馬疋別三銭と定めた。

人と物資は京の七口を経て列島の各地から名産品が持ちこまれた（『庭訓往来』）。瀬戸内海を通じては西国の物資が、近江今堀郷の商人は伊勢への交易路を開発して京に物資を運んだ。同商人は琵琶湖を経て若狭の小浜を結ぶ九里半街道に権益を有していたが、小浜は北国と結ばれており、応永三十年（一四二三）に安藤陸奥守が将軍に馬二十四、鳥五〇〇〇羽、銭二万匹、海虎皮三十枚、昆布五〇〇杷を進上、小浜を経由して京にもたらした。

そうした各地の産品をあげる。

衣料　加賀絹・丹後精好・美濃上品・尾張八丈・信濃布・常陸紬・上野綿

工芸　伊予簾・讃岐円座・讃岐檀紙・播磨杉原・備前太刀・刀出雲鍬・奥漆

金属　上総しりがい・武蔵鐙・能登釜・河内鍋

原材料　土佐材木・安芸榑・甲斐駒・長門牛・奥州金・備中鉄

食料　越後塩引・隠岐鮑・周防鯖・近江鮒・淀鯉・備後酒・和泉酢・若狭椎・宰府栗

　　宇賀昆布・松浦鰯・夷鮭・筑紫穀

なお、洛中の産物には大舎人綾・六条染物・猪熊紺・大宮絹・烏丸烏帽子・室町伯楽・姉小路針が、洛外の産物は「小柴黛・城殿扇・仁和寺眉作・東山蕪・西山心太・嵯峨土器・大原薪・小野炭・鞍馬木芽漬」があって、その交易売買の利で「四条五条の辻」は潤っていたという（『庭訓往来』）。

料理文化は、長禄三年（一四五九）に将軍御所での御前点があって、「点心六点、菓子七

『酒飯論絵』第二段（フランス国会図書館蔵、『『酒飯論絵巻』の世界』勉誠出版、2014年より）

『酒飯論絵』第一段（文化庁蔵、同上）

種、茶」が出た後、精進七種が振舞われ、最後に唐餅・菓子・茶でもって締めくくられた。精進三の膳の中央に本膳、右に二の膳、左に三の膳が置かれ、数々の料理を載せた一人用の銘々膳が幾つも客の前に並べられる本膳料理である（『蔭涼軒日録』）。『尺素往来』には「本膳、追膳、三膳、大汁、小汁、冷汁、山海苑池之菜、誠に調百味候也」とあり、一、二、三の膳からなる本膳料理の形式が整ったことがわかる。

『酒飯論絵』の第二段は、「造酒正糟屋朝臣長持（みきのかみ）（ながもち）」という酒好きが、客を招いての会所の座敷での酒宴を儲けた場面を描く。畳が敷きつめられ、右端の僧と、座敷奥に座る三人の侍の前には、食べ物が入った小皿の載る折敷が置かれ、本膳と二の膳、三の膳の折敷が並び、奥には中酒の給仕をする女性がいて、中央には銚子を持った長小結の者の前に食べ物の盛られた朱塗の大きな鉢、小さな折櫃が三つ載った脚付の細長い折敷、食べ物を盛った青磁の碗が載る衝重が置かれ、会所での武家の本膳料理を描いている。隣部屋では本膳の料理が置かれ、文化庁本の第一段には、臼で茶を挽く僧、第二段には湯を沸かし、茶の準備をする人物を描いている。

故実家の伊勢貞順（さだより）の著作に伊勢貞丈（さだたけ）が注釈を加えた『条々聞書貞丈抄（じょうじょうききがきさだたけしょう）』があって、こ

『月次風俗図屛風』第二扇（東京国立博物館蔵、出典：Colbase）

れによれば、将軍の御成の行列が近づくと、亭主の大名が門外に出てそれを迎え、到着すると直ちに公卿の間（寝殿の上の座敷）に入り、ここで式三献の酒礼が行なわれ、主従の間で進物の献上と賜盃等があり、それがすむと主殿・会所に出て七五三の膳（偶数をとる）が出された。そのあと茶菓の接待があって酒肴が用意され酒宴となるが、この時に会所の前面に設けられた能舞台で能が演じられ、酒肴は十三献、十七献に及んだという。

『月次風俗図屛風』の八曲一隻の第二扇の霞で仕切られた画面の上部には、満開の枝垂れ桜のもとでの花見をする被衣姿の女たちがいて、幔幕が張られた内側では酒宴の準備が行なわれており、茶道具一式を含め、徳利・銚子・提子・折櫃・食籠・折敷・衝重などが見える。

画面下部では武士たちの酒宴の場面が描かれ、宴席の中央正面、左手で酒盃を持つ肩衣袴姿の人物が座の主人で、肩衣袴の武士、僧、日輪の扇をもって舞う男、太鼓・鼓・横笛を奏でる僧や若者、銚子で酒を注ぐ小姓がいて、主人の前には鶴をあしらった州浜台が置かれ、食籠が三つと脚の長い折櫃が二つ置かれ、食べ物がいっぱいに盛られている。

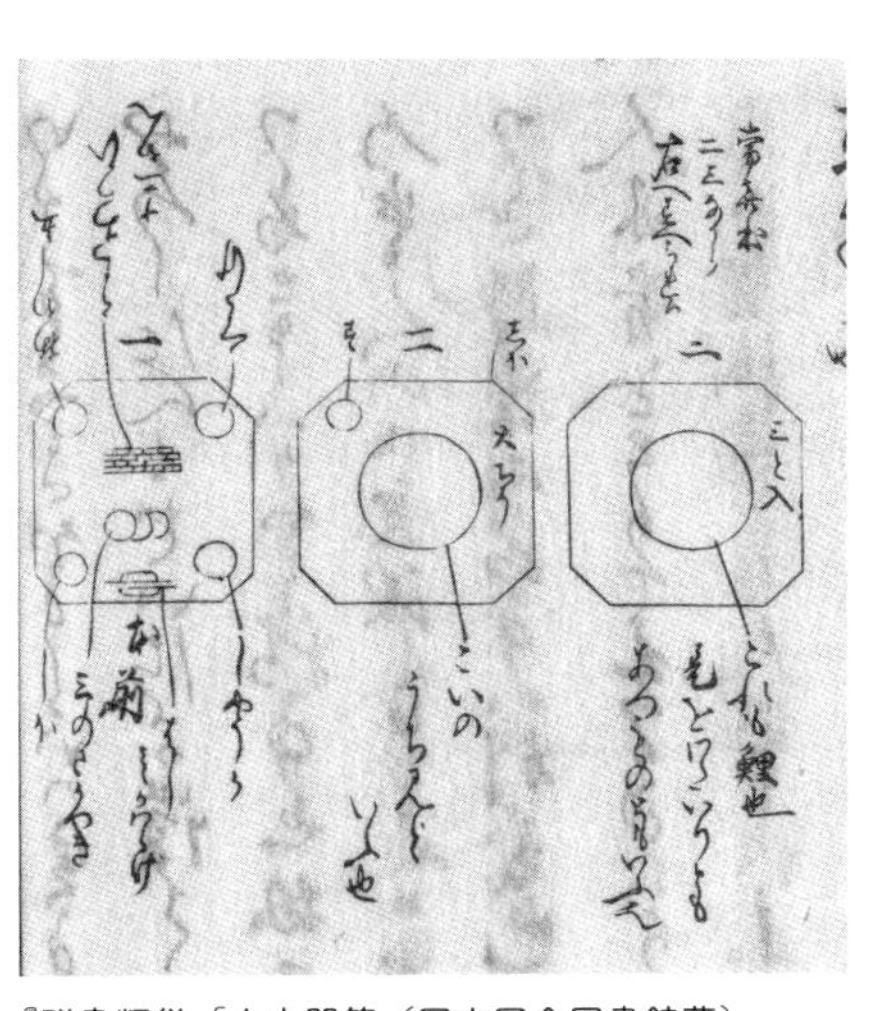

『群書類従』「大内問答」（国立国会図書館蔵）

料理と膳の実際

「大内問答」に附録する「奉公覚悟之事」には、「御成申沙汰之時、かならず式三献参る。御座敷兼ねて御弓、征矢、御よろい、御左の方に置かれ候。また御右の方にをき鳥とて雉の鳥一つがひい台に据えて候。鯉一つ是も台に据えてをかれ候。又へいし一対口をてふ花かたにつつみて置かれ候。式三婚は御一前。又御父子御座候はば、御二前ばかり参るなり」「又御さかな三こん参り候也」とある。その図を掲げる。

『尺素往来』は精進料理として、粥汁は干蕨・大菽(まめ)、菜は炙和布(あぶりめ)、炙昆布、唐納豆、みそうり、烏(う)梅(ばい)のうちの両三種、点心は集香湯(しゅうきょうよう)を点じ、砕蟾糟(すいせんそう)、雞鮮羹(けいせんかん)、猪羹、箏羊羹、海老羹、白魚羹、寸金羹、三峯尖、碁子麵、乳餅、巻餅、水晶包子、砂糖饅頭、ほうとう饂飩などであり、素麵は孰熱し、切麵は冷し濯ぐなどとあげている。

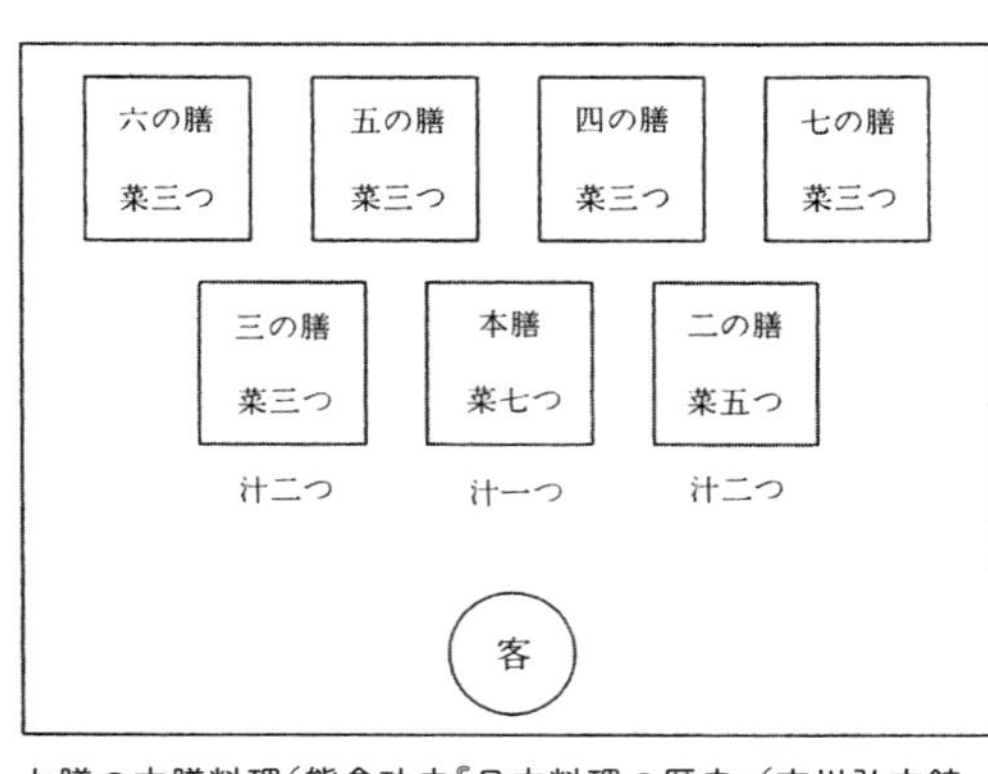

七膳の本膳料理(熊倉功夫『日本料理の歴史』(吉川弘文館、2007年)より)

料理の書物も多く著され、多治見貞賢(さだかた)の『四条流包丁書』が延徳元年(一四八九)に、『山内料理書』が明応六年(一四九七)に、『大草殿より相伝書』が永正元年(一五〇四年)に、『武家調味故実』が天文三年(一五三五)年に著されたほか、『大草家料理書』『包丁聞書』などもある。

『大草家料理書』は将軍家の包丁人の大草家の料理書で、包丁の切り方に始まって、包丁による料理法について、「鯛の苔焼と申すは、わたをぬきて、皮をむかずに藁にて巻候て、上に壁土を塗りつけ、火中にくべて焼也。則口より醤油をさし候なり」などと記す。『四条流包丁書』は、俎板や包丁に始まり、包丁に関する故実を記し、様々な食材の料理の仕方を解説する。「鯉は山葵酢、鯛は生姜酢、鱸は蓼酢、�は実辛子の酢、えいも実辛子の酢、王余魚はぬた酢」と、それぞれ魚に合う酢の取り合わせを記している。これまで絵画でしか知り得なかった料理法を具体的に語っている。

『山内料理書』は本膳料理を図解して示す。先ず本膳は、椀の膳の仕様について土器の時は汁は据えず、中の飯ばかりを据える。椀の時は塗折敷、と説明し、本膳に椀を使った時の図を示す。土器に飯を盛る時は汁を出さずに飯だけであって、穢れを恐れる時は白木や土器を用い、僧家では椀も膳も塗り物になる。塩引は塩鮭を陰干しした焼物、焼物の皿には雉が載っている。青膾は青味を入れて和えた鱠で、香の物は瓜などの皮のついている側が上になっており、これに酢（なまなれの鮨）が一品ついて、一汁四菜となる。

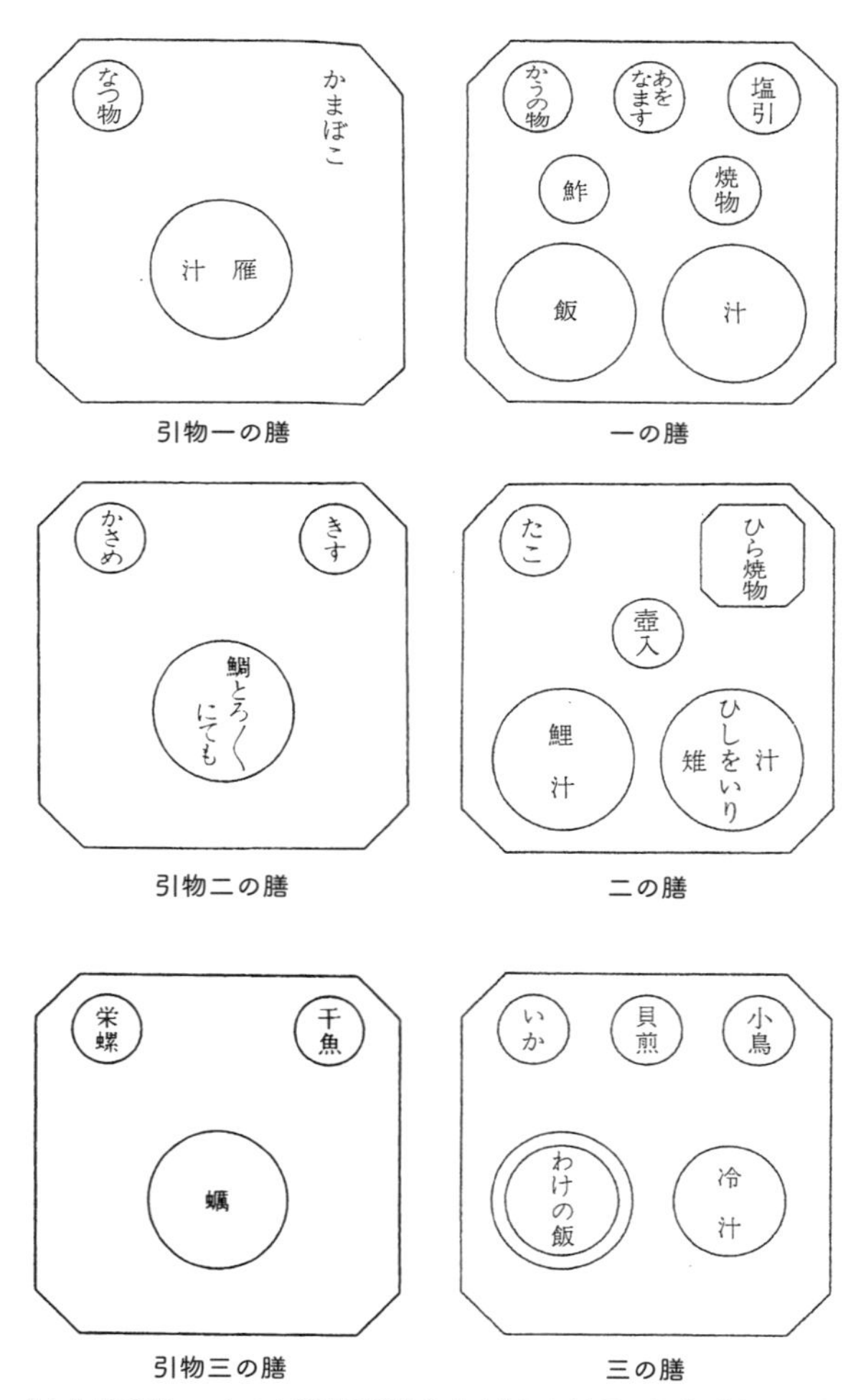

『山内料理書』による本膳料理（熊倉功夫『日本料理の歴史』（吉川弘文館、2007年）より）

二の膳についても図に示し、鯛焼物をひら焼物といい、掻敷きをせず、辛螺、亀足する（金箔・銀箔の神で張りつける）、蛸いぼを透き皮をむくと解説する。図のひら焼物は、塗の平椀で形は角きりの角型、掻敷は檜の葉や南天の葉を下に敷くことで、蛸は吸盤のいぼをかき落して皮をむいておく。汁は二種、雉は醤で味付けされ、鯉は容器が「土器」とあるだけである。

三の膳は図のように、「わけの飯」「冷汁」「小鳥」「貝煎」「いか」の一汁三菜であり、汁は、魚汁と言う冷たい汁で、海鼠に蓼と山芋を加えた汁で、「わけの飯」は曲げ物に入れて下に土器を敷いた飯で、「貝煎」煎りつけるように煮た貝である。

本膳の右に二の膳がきて、そのさらに右の方に三の膳が据えられ、本膳を中央に右に二の膳、左に三の膳となり、引物が本膳の左に据えられる。三の膳までは一人ずつの膳であるが、そのあとは三組とも引物がくる。引出物として出された別菜、碗ごとに取り回した汁であって、「雁汁、かまぼこ、なつもの」「鯛とろとろにても、きすす、かさめ」「鱲、干魚、栄螺」の三つがある。きすは「焼きひたし」という料理などが注記され、うろこを落とし、焼いて汁にひたした料理、「鯛とろとろにても」とは、山芋を降ろしてかけたものと考えられ、「かさめ」とは風見という名の蟹である。この引物をあわせて六菜、以上、五汁十八菜が出された。

『七十一番職人歌合』の料理関係職人

明応末年（一五五〇）制作の『七十一番職人歌合』の六番は、「かはしませ、釜もさぶらうぞ、欲しがる人あらば仰せあれよ」の画中詞に「鍋売」が、左手に手取鍋をもち、右手の人差指で釜を指し、手前に足つき鍋が三つ重ねられ、別に大きな鍋が一つある。

これと番える「酒作」は「先ず酒召かせかし、はやりて候、うすにごりて候」の画中詞に、小袖の上に打掛を羽織って酒の入った半切桶を抱えていて、手前には蓋つきがあり、後方に酒瓶子が二個並んでいる。

七番の「きのふからいまだ山崎へもかへらぬ」という画中詞の油売は、火打袋を腰につけ、左手に柄杓、右手におうごを通した油桶二つを中腰で抱えている。これに番う「餅売」は「あたたかなる餅まいれ」の画中詞に、垂髪を布で覆い、飾り紐で押さえ、後方で結わえ木箱に餅を並べ、傍らに餅の入った曲物を置いている。

十五番の「ひげのあるは、家の恥にてさうぞ、ことのほかなるひげのなきかな」の蛤売

六番「鍋売」（右）、「酒作」（左）（『七十一番職人歌合』、国立国会図書館蔵、以下同）

七番「油売」（右）、「餅売」（左）

十五番「蛤売」（右）、「魚売」（左）

は、腰刀を差し、おうごの両端に蛤を入れた籠、右手に蛤を載せ、客に示している。番う魚売は「魚は候、あたらしく候、召せかし」の画中詞に、垂髪に桂巻、小袖姿で右手に手鉤を持ち、前に鯛が三匹、傍らの籠には魚が数匹見える。蛤売が鬚の有無を語るのは、阿古屋貝の姿が蛤に似ており、しかも鬚があるためであって、自家の商品には鬚がある似せ蛤は売っていないことをいう。

十七番の「これは因幡合子にて候、召せ」の挽入売は、布で毛髪を覆い小袖姿で右手に因幡合子を持ち、左手前に大小の塗椀を並べている。番う土器造は「赤土器は召すまじきか、かへり足にて安く候ぞ」の画中詞に、土器を入れた足付籠を前後に振り分け、おうごに通して担いでいる。挽入とは幾つも入れ子にした細工物、轆轤師の製作した合子や皿であり、因幡合子とは因幡産の普段用の漆塗合子である。

十八番の「けさはいまだ商いなきうたてさよ」の饅頭売は、覆面に、つば広の唐風帽子で左足を立てて組み、手前におうごに通した饅頭を入れた角箱を置き、右手で箱を指している。番う法論味噌売は饅頭売に応え、「われらもけさ、奈良よりきて、くるしや」といい、左足を立てて組み、前に法論味噌の入った曲物の上に簀子を置き、おうごに通している。この法論味噌の製法は、日に干した焼味噌に胡麻・麻の実・くるみ・山椒等を細かく刻んで混ぜ合わせたものに、黒豆を煮て砕いたものを布巾でしぼって水気を切る。

十七番「挽入」（右）、「土器造」（左）

十八番「饅頭売」（右）、「法論味噌売」（左）

三十五番「米売」（右）、「豆売」（左）

三十五番の「なほ米は候、けさの市にはあひ候べく候」の画中詞の米売は、垂髪に桂巻、小袖・右立膝で米俵に寄りかかって、右手で筵に広げた米を指し、筵の上に米袋、米、升が載っている。これに応えて豆売は、「われらが豆も、いまだ商ひ遅く候ぞ」と、垂髪を手ぬぐいで覆い、左立て膝で、米売のほうを振り返り指差す。傍らに升、豆の入った袋がある。米売りは、まだ米がありますよ、と語っている。

三十七番は「豆腐召せ、奈良よりのぼりて候」の豆腐売が、桂巻・黒無地の小袖の姿で、台の上に二丁重ねた大きい豆腐と、その四分の一ほどのもの四丁を置く。これに番う索麵売は「これは太索麵にしたる」の画中詞で、桂巻、小袖に細帯、草履ばきで、面を細く引き伸ばしたものを木枠に掛け、日に干して乾燥させている。

三十八番は「昨日の榑(くれ)売のあたひまで、今日たまはる人もがな」と語る塩売が、塩を入れた籠をおうごに通して置き、右側の籠の中の塩は菰で蓋をしている。麴(こうじ)売は「上戸たち、御覧じて、よだれ流し給ふな」と、麴の入った円形・方形の曲物の前に、垂髪で頭巾、小袖、裸足で座る。塩売は昨日の榑(規格品の材木)売りの代金まで、今日払ってくれると欲しい、といい、麴売は「上戸」(酒好き)に麴をみて涎を流しなさいと言っている。

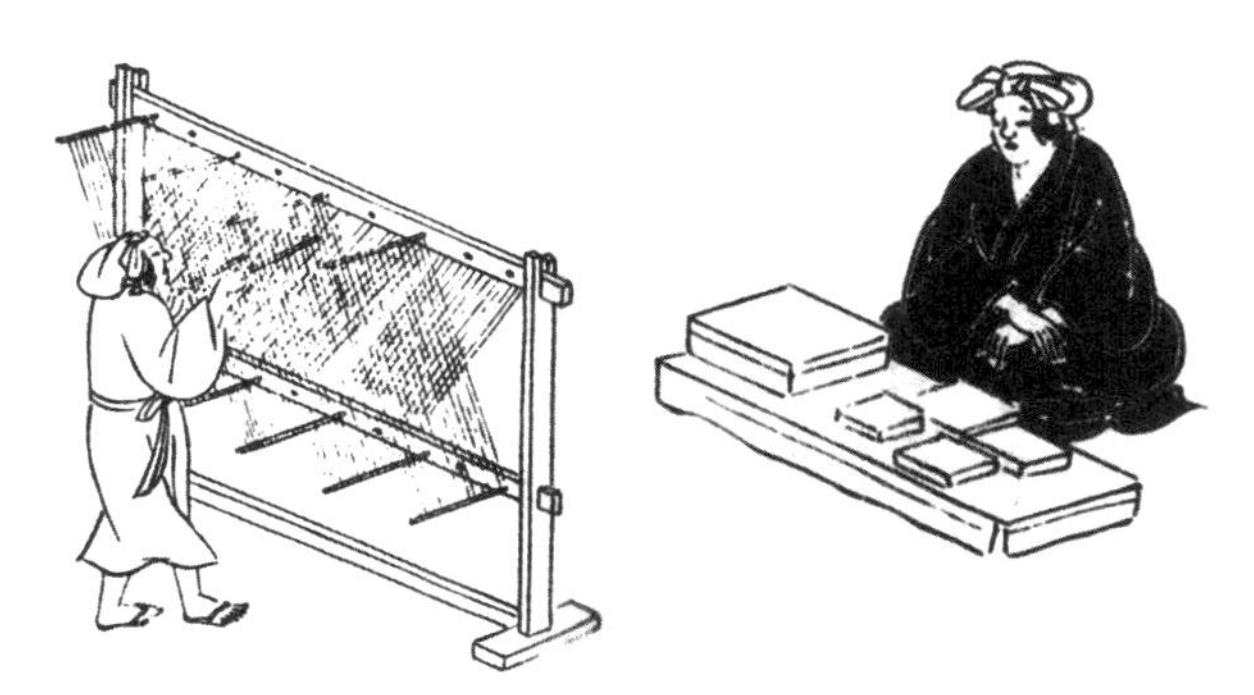

三十七番「豆腐売」(右)、「索麺売」(左)

三十八番「塩売」(右)、「麹売」(左)

五十七番「包丁師」(右)、「調菜」(左)

五十七番は、包丁師が俎板の鯛を箸で押さえ、包丁で切っており、これと番う「調菜」は、「砂糖饅頭、いずれもよく蒸して候」と語り、二つ重ねの蒸籠で饅頭を蒸し、蓋つきの器に餡を入れ、匙をそえ、曲物に菜がみえる。「調菜」とは、禅宗寺院の調菜所で野菜類を調理を担当していた。

四　料理文化の展開

本膳料理と食材の入手

大永二年（一五二二）七月、将軍足利義晴の祇園会御成の時の式三献は、初献が「鳥、雑煮、五種」、二献が「冷麦、御そへ物（なまとり）」、三献が「こざし、鯛、海月」で、御湯漬、蛸、香の物」「あへまぜ、焼物、蒲鉾」「御湯漬、このわた、ふくめ鯛」である。

二が「塩引・唐墨」「にし・あゆ　くるくる」「御汁（鯛・蕨）」、三が「すしさかな」「かい　あはび」、御汁（雁・あつめに（いろいろ煮こんだもの））、肴・鱒」、四が「おちん、いか」、

「くらげ」「御汁・ゑい」、五が「はむ（鱧）、えび」、「さしみ、御汁、鯉」、御菓子あり。御さかなよこむ。「のし、蛸、うけいり（みぞれの吸い物）」、五献が「饅頭、御そへ物（ひばり）」、六献が「塩引、まきずるめ、かん」、七献が「羊羹、御そへ物（さしみ）」、八献が「はむ、くるくる（たらのはらわた）、ゑい」、九献が「いりこ、かい鮑、ひしはいり」と、下津屋野信直が報告している（『祇園会御見物御成記』）。桟敷への御成とはいえ、本格的な本膳料理である。

天文十年（一五四二）頃制作の『異制庭訓往来』は、東山で参会した後に勝負があり、負方になった衆が、勝衆に馳走をすべく、尋ねて出した食材を書き上げている。

山鳥・水鳥・雁・鵠・雉・ひばり・つぐみ・小鳥を長櫃十枝、鹿・猪・狸・兎・熊・猪・子鹿などを車五両、鯉・鮒・鮭・鱒・しいはは・鯰・鯛・鰹・鯵・鯆・鯖・はふ・なよし・とびうお・いしもち・鮫・このしろ・蛸・蛤・蝦・蟹・蜆等を船五艘、種々のあらまき・すはしり・昆布・海松・荒のり・丸苔・ふのり・鶏冠苔・心太・海雲等海藻を折櫃百合。

辣芥子・ちしゃ、くぐたち・牛蒡・大根・苑豆・沢蘭・藷蕷・野老・松茸・平茸・しめじ・滑薄・笋、外居（曲物）五十合、金柑・柑子・温州・橘・枇杷・林檎・楊梅・柘榴・桃・杏・梅・李梨・胡桃・銀杏・柏実・椎・榛栗・生栗・干栗・括栗・ひしき栗などを二重百合、砂糖・飴・甘葛、煎壺五十、唐醤泉などを酢桶五十。栗餅・黍餅・松餅・薇餅（野豌豆の餅）・茶餅、廿鉢、糒百俵・をこしこめを百合、瓶子五百具、筒大小三百。

これらは名誉の包丁人を相語って、種々の料理を構えたという。

すなわち、色々の膾、様々な羹、品々の炙り物、体々の焼物で、茶は仁和寺から五十斤を所望した。勝負での負態とはいえ、実にたくさんの食材で、常にこの通りではないものの、それにしても豪華な食材を使用した料理を用意したものである。

こうした料理の実例を永禄四年（一五六一）三月に将軍足利義輝が三好義長邸に御成した際の七の膳に見てみよう。式三献の肴・菓子・酒宴の肴を含めた全体の図を解説すると、湯漬けの本膳は、塩引の焼物・桶・あへまぜ・蒲鉾・ふくめの五菜、あへまぜは魚の干物を削って野菜のあえたもので、酢の物であろう。「ふくめ」は、鯛のデンブと見られる。飯の湯漬けは飯と汁が一体となったもので、湯漬で本膳に出ない約束であった。

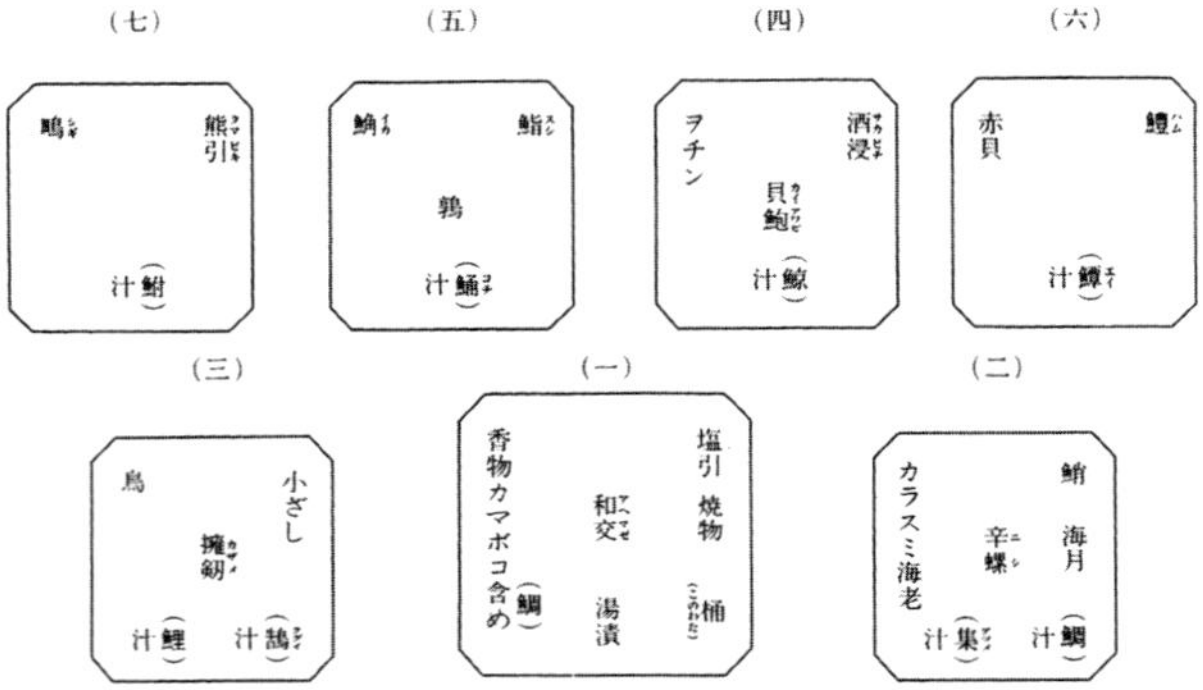

（七）
鴫
熊引
汁（鮒）

（五）
鯆
鮨
鶉
汁（鯆）

（四）
ヲチン
酒浸
貝鮑
汁（鯨）

（六）
赤貝
鱧
汁（鱒）

（三）
鳥
小ざし
擁劒
汁（鯉）
汁（鵠）

（一）
香物カマボコ含め
塩引
焼物
和交
桶
湯漬
汁（鯛）

（二）
カラスミ海老
蛸
海月
辛螺
汁（集）
汁（鯛）

三好義長邸の七の膳（熊倉功夫『日本料理の歴史』（吉川弘文館、2007年）より）

二の膳は辛螺のような大型の巻貝を中央に置いて、左右に蛸と唐墨が並び、鯛と海老が盛ってある。この膳には汁二種が決まりで、ここでは海月の汁に野菜を色々入れた集汁が用意された。三の膳は「小ざし」（小串）と鳥が並べられ、「かざめ」という蟹で三種、これに鯉とくぐいは汁にして供したものと考えられる。四の膳には、生魚を酒に浸けた酒浸がまずあり、貝鮑・ヲチン（干魚をほぐし辛味を付け、酢で煮たもの）・鯨からなる。五の膳はこちを汁とみれば、鮨・鶉・烏賊の三菜で、六・七の膳は二菜で、海老と鮒を汁とすると二菜、熊引は魚のしいらで、「はむ」は鱧である。

本膳が終わると、あらためて酒宴になり、肴が運ばれる。十献まですすんで休息となり、その後、十七献まで続けられ、その間に、能が十四番あって終わると、万疋の金が左右五千疋ずつ舞台に積まれ、三畳敷で茶の湯がある。夜を徹した宴会は翌朝に終わり、帰還となる。

石見益田氏の料理と本膳料理のその後

永禄十一年二月十日の益田藤兼・元祥が安芸吉田で毛利元就を振る舞った一献の手組は、初献が「御湯漬　塩引き　覆面鯛　貝鮑　酒浸　香の物　鱧　蒲鉾」、二献が「鮓　雉　螺　烏賊　鮭　御汁（集め煮　むしき）」、三献「鰊の子　海鼠腸　御汁（羹　獺）海月」御菓子」、次いで「御肴　小串　削り物」、二献「むしむき　御そへ物　白鳥」、三献「さしくらけ　こうるか　たい」、四献「とりのあし　鼈羹（べつかん）御そへ物刺身」、五献「塩引き　烏賊きし」、六献「草片（くさひら）　饅頭　はるも　御そへ物受け入り」、七献「はむ　鮎　唐墨」であり、以上、上ノ御座敷御膳三十二膳、後の御肴の時、精進の衆が加わる。

一、御折　八合　一、御かわらけの物三膳　一、御食籠　二ツ　一御さかつきの台五ツが用意され、「観世大夫　御能」に舞台銭が五百貫、金覆輪の御太刀二振遣わされる。御次の御湯漬は御数八つ、御汁三つ〈人数百五十人〉、幕屋へも同然で人数七十人であった。

以上の肴の注文は、羹十二、鮭の塩引き十一、くし鮑七連、いりこ六十けた、大うほ三喉、こふり三十こん、きし二十六、かも二十、鯛六十三喉、鮑五百盃、海月一桶二百三十五盃、あこ千喉、ほくめ鯛六斗五升、飛魚（あご）五百こん（鱧を用ゆ）、あご千喉（塩引を用ゆ）、にし六十盃、このわた壱斗、烏賊三十五連、小鯛百喉、かとのこ五升、川獺一つ、白鳥一つ、鮎の白干し百五十、唐墨八連、たい三十喉（蒲鉾を用ゆ）、ささゐ五十、こうるか三升、塩鮭十喉、すし五百、香の物二百十本、牛蒡十は、こふ二十六貫、御一献の酒　馬樽十二、、元就様への御樽　馬樽二十、御肴十合（右の肴のほかなり）、である（『益田家文書』）。

このような饗応の華美を示すことを主眼に置かれた本膳料理は、しだいに形骸化してゆき、見るための料理となってゆく。数多くの膳に平面的に羅列された大量の料理は、食べることのできないもので、別に食べる袱紗（ふくさ）料理という食べるための料理が別室に用意されるようになる。

江戸期にはこれが城中でも宮中でも、家臣や廷臣に下される標準の料理となった。舟木本『洛中洛外図屛風』には二条城でその料理のために羽織を着た包丁人が、俎板を置いて左手に真魚箸、右手の包丁を持ち、魚をさばく、土間では鳥が解体されており、一人が柄杓に水をかけ、もう一人が皮を剥いだ鴨の腹から臓物を取り出している。

舟木本『洛中洛外図屏風』（東京国立博物館蔵、出典：Colbase）

南蛮料理

フランシスコ・ザビエルは天文二十一年（一五五二）に豊後府内に入り、大友義鎮（よししげ）に迎えられ、翌年にゴアに帰っていった。代わりに派遣された神父カゴは、府内に入ると義鎮から布教を許可され、教会施設が建設されるなど、府内は山口に代わってイエズス会活動の中心となって病院も建てられた。弘治二年（一五五六）からはほぼ毎年のようにポルトガル船が府内港を訪れた。

永禄十年（一五五七）に府内では、四百人のキリシタン信者が牛肉とオリーブ油、サフランを入れて炊いたパエリアで、復活祭を祝っている。

永禄十二年（一五六九）に織田信長（のぶなが）は、京都でルイス・フロイスを謁見した時にガラス瓶に詰めた金平糖を献上されて喜んでおり、この信長に仕えた高山右近（うこん）は、豊臣秀吉（ひでよし）に従って小田原に出陣した際、陣中で牛肉料理を細川忠興（ただおき）と蒲生氏郷（うじさと）に馳走したところ、忠興は南蛮料理が気に入って、自邸で鶏肉とオリーブで作ったパエリアを作らせたという。

ルイス・フロイスの『日本覚書』は、日本の料理と南蛮料理を比較している。

1、我らはすべてのものを手で食べる。日本人は幼児の時から二本の棒で食べる。

2、（我らは）常食は小麦粉のパンだが、（日本人は）塩を抜いて炊いた米である。

3、食卓は食べ物が運ばれてくる前から置いてあるのに対し、食べ物と一緒に台所から食卓に運ばれる。

4、食卓は高くテーブル布とナプキンがあるが、日本では漆を塗った大型の盆で、方形で底が浅く、テーブル布もナプキンもない。

5、食事の際に椅子に腰かけるのに、脚を組み畳の上か地面に座る。

6、料理が少しずつ運ばれるが、すべて一緒にか、さもなくば三つの食卓に分けて運ばれる。

7、スープがなくとも食事ができるが、汁がなければ食事ができない。

8、食器は銀製又は錫製であるが、漆塗の木製で、赤さもなく黒い。

9、陶土製の深鍋や朝鍋で食事をつくるのに、鋳鉄製の鍋や器を用いる。

10、妻と一緒に食事をとるが、それは非常に珍しく、夫婦が別々にとる。

11、焼いたり煮たりするのを好むに対し、生で食べる事をはるかに喜ぶ。

12、熟した果物を食べるのに、果物を未熟なまま食べる。

13、パンの他はすべて覆われて運ばれてくるが、米飯だけが覆われてくる。

14、食卓は従僕が片づけるが、食事をした貴人自身がたびたび自分の食卓を片付ける。

15、食事の始めと終わりに手を洗うのに対し、食べ物に手を触れないので洗う必要がない。

16、麺類を砂糖やシナモンで食べるが、芥子や唐辛（ぴめんた）で食べる。

17、牝鶏や鶉、パイ、クリーム状ジュリーフを好むの対し、野犬・鶴・大猿・猫・海藻を好む。

18、鱒はとろ火か、煮るかして食べるところを、串にさしこんがり焼けるまで炙る。

19、鍋に着いた米飯は戸外に捨てるか、犬にくれてしまうのに、デザートの果物であっても、締めくくりに飲む湯の中に投じて飲む。

20、乳製品・チーズ・バター、骨の髄を好むが、これらすべてを嫌悪する。

21、食卓で談話するが、歌ったり踊ったりしないのに、食事がほとんど終わるころまで談話しないのに、温まると、歌ったり踊ったりする。

22、フライにした魚を馳走とみなすが、それを好まず、海藻を揚げたのを好む。

『大草家料理書』は、南蛮焼きは油で揚げ、その油は胡麻または豚のもので揚げ、後に味噌汁を入れるとあり、江戸時代の『料理物語』に「南蛮料理は、鶏の毛を引き、頭、脚を切り洗ひ、鍋に入れ、大根を大きに切りいれ、水をひたひたより上に入れ、大根いかにもやはらかになるまで炊く、さて鳥をあげ、こまかにむしり、もとの汁にかげを落とし、又大根にてすいあわせ出し候時、鳥を入れ、さか塩吉、すいくちにんにく、そのほか色々うす味味噌にてもつかうまつり候。褄に平茸根ふかなども入る」と、作り方を記している。

懐石料理への道

料理の後には茶の湯が楽しまれた。堺の町人の武野紹鷗の弟子の千利休の、天文十三年（一五四四）の会は、『松屋会記』によれば次のような膳であった。

フ　　汁　タウフ　　引物　クラケ
　　　ツクシ
ウト　　飯
　　　　　菓子　カヤ、クリ　三種
　　　　　　　　クモタコ

一人用の膳には向こう側に麩の煮物、独活の和え物二種の菜が置かれ、手前には飯と豆腐に土筆を入れた汁が並べられ、あとからとりまわしの海月が供され、これで料理は終わる。一汁三菜で、菓子は煮しめくも蛸と栗・榧の実の三種であった。

実にシンプルな膳で、永禄二年（一五五九）の茶会では鰹と鯛の和え物を大皿に盛り、調味料として手塩を添える。引き物として加雑鱠、白鳥と筍の煮物、それに飯と野菜の汁が出される煮物の一汁三菜で、利休は「一汁三菜でよし」と語り、料理の品数が多いことや、わざわざとり寄せた珍しい食材をたまたまありあわせたように取り繕って供することなどを嫌った、と伝わる。

天正十八年（一五九〇）九月に二十一日に豊臣秀吉を正客に迎えて、もてなした茶会での膳は次の通りである（『利休百回記』）。

めし　菜汁　鮭焼　鱠

引而　さかひて（酒浸）　おぼろとうふ

くわし　ふのやき　いりかや　やきくり

膳も食器も簡素で、食事の分量も少なく、わび茶を具現化したもので、献立には鮭や鱠などの動物性食品や、魚鳥を用いており、見た目は質素でも食材が吟味されていて、温かく調理された料理を、もっともおいしい時に供し、季節感を大切にしていた。

当時の宴会料理をロドリゲス『日本教会史』が、四種に分類して、第一が三の膳までついた本膳料理、第二が五の膳の料理、第三が七の膳の料理で、最も荘重で厳粛な料理であるといい、第四の料理は余分なものを煩わしい物を捨て去ったもので、装飾用や、冷たいもの捨て去り、代わりに暖かくて十分に調理された料理が、適当な食台にだされるものであるという。利休の茶の料理はこの四番目の膳であった。

利休の談話を筆記した『南坊録』は「懐石の法」のなかで、小座敷の料理は、汁一つ、菜は二つか三つにし、酒も軽くし、侘び座敷で料理を大げさにするのは不相応であり、草庵露地人の茶席で盃事はすべきではなく、菜数を多く出すことさえ、おおいに本意を忘れた事といえる、と誡めている。利休の料理は後の懐石料理に繋がってゆくものであって、その懐石料理とは、折敷一つを使い、食事が飯・汁・向付（むこうづけ）・煮物・焼物・強肴・吸物・香の物・湯・酒、茶菓が菓子・茶、酒宴が後段に肴・吸物・麺・酒である。

精進料理と信長・秀吉の本膳料理

精進料理は本膳料理とともにあって、天正九年（一五八一）に大徳寺真珠庵で行なわれた一休宗純百年忌の正餐である斎の献立は、図の如くである。膳は二部にわかれ、前半の湯は御しのぎの薬湯であり、斎の菜は、干瓢・煎昆布・椎茸・麩・ひじき・牛蒡の六種に手塩を加えて七つ、七の菜の膳にあたる。汁はイモ、豆腐、豆、海苔、山芋の入った集汁（熱い汁）及び冷汁がある。菓子も七種で山芋・胡桃・熟柿・昆布・大栗・麩、これに飾りの花を一種と数えている。

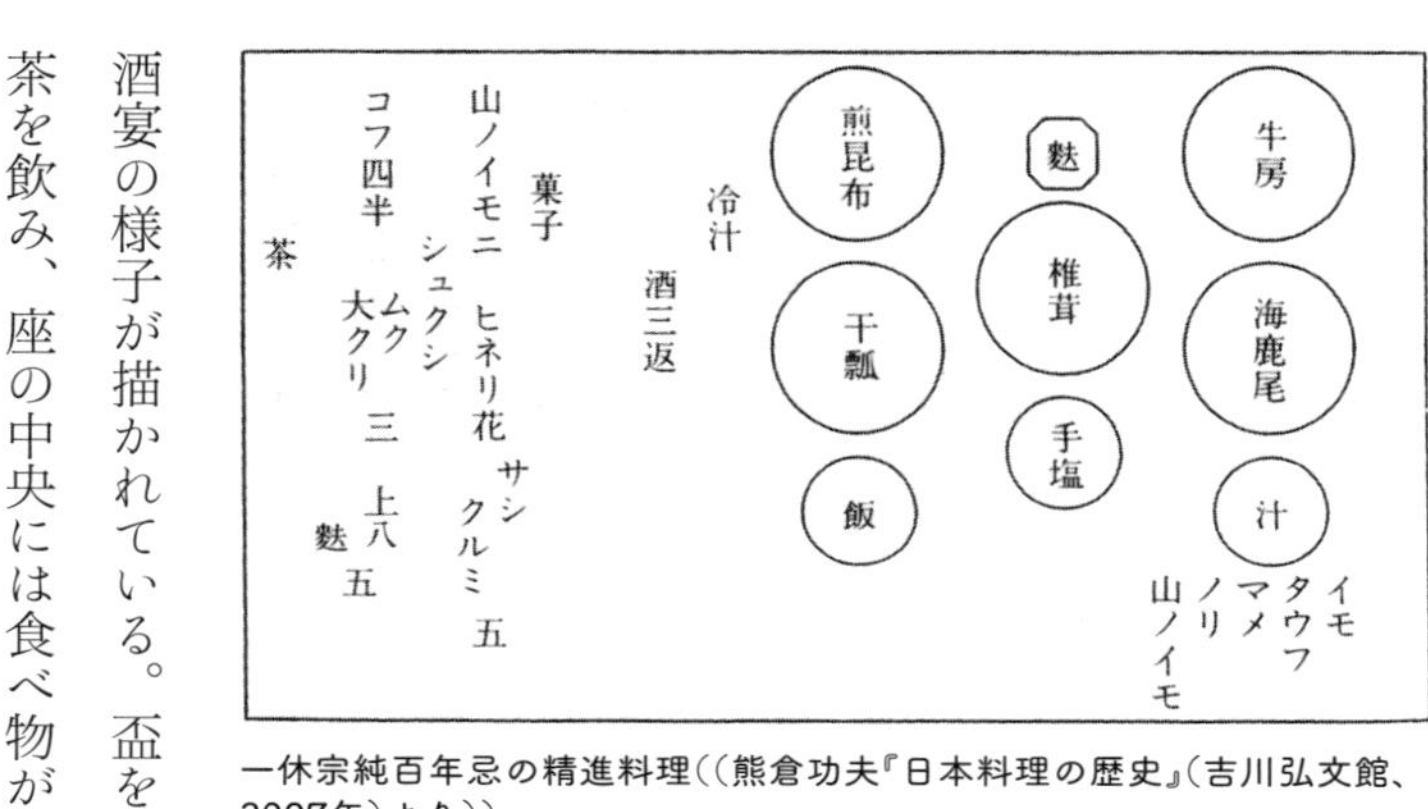

一休宗純百年忌の精進料理（（熊倉功夫『日本料理の歴史』（吉川弘文館、2007年）より））

　この頃に「観楓」（紅葉狩）の風俗描写を主題として描いた狩野秀頼の『観楓図屏風』（東京国立博物館蔵）の第一・二扇には、紅葉の名所の洛北高雄において、紅葉した楓の木の下で子連れの女たちによる酒宴の様子が描かれている。盃を持つのは左側の女一人、背後の僧衣の女は青磁の茶碗で茶を飲み、座の中央には食べ物が入った朱塗の漆器鉢と脚付の蒔絵角盆、左点前の女は徳利を持ち、右手の松の木の根元には重箱や酒樽がある。

第五・六扇には男六人の酒宴が描かれ、小袖を脱いで下着姿になった男が扇を手に舞い、

『観楓図屏風』（上）第一・二扇、（下）第五・六扇
（東京国立博物館蔵、出典：Colbase）

二人の男が鼓を持つ。食器は食べ物の入った鉢と、朱塗の鉢、奥に盃があり、手前には食べ物が盛られた六角形の折櫃、磁器の酒注(さけつぎ)、左手前には指樽が二つと、三段の重箱がある。二つの図柄からは、女のみの酒宴と男のみの酒宴とが、それぞれ独立して描かれているのが特徴で、意図的に描かれたとみることも可能だが、この時期の特徴と見たほうがよいであろう。

織田信長は、天正十年五月十五日に徳川家康(いえやす)が駿河国を与えられたことへの礼のため安土を訪れると、明智光秀が接待役となって手厚くもてなした。この時の献立を見よう(『信長公記』)。

十五日　をちつき

本膳　蛸・香の物　鱠(鯛の焼物、鮒鮨)、菜汁、御めし

二膳　うるか・かいあわび　ふとに(うかまる・はむ)・ほや冷汁・鯉の汁

三膳　やきとり・雉　かさめ(渡り蟹)　鶴汁・すすき汁

四膳　巻するめ・椎茸　しきつほ　鮒汁

五膳　まな鰹・けずりこぶ　しやうかず　鴨汁　御菓子ふちたか是をつけて

やらひもち　はなにこぶ　まめあめ　からはな　みのかき

五の膳からなる本膳料理であり、翌日には塩引き魚、鯛、鱧、蛸、海老、蒲鉾、干しまなこ、鮑、唐墨、栄螺、ばい貝、数の子、鯨汁、鳥肉、青鷺、鴫、野菜は筍、瓜、うど、椎茸、菓子は羊羹などであった。

天正十五年（一五八七）、豊臣秀吉は朝鮮出兵に際し、博多の神屋宗湛（そうたん）の邸で懐石料理をもてなされた。麩と白鳥の汁、山椒を添えた香の物、飯、白鳥と大根、生姜の鱠、鮎の塩焼き、刻み生姜を添えた生鮑、ささげ豆と茄子の胡桃和え、最後が菓子で、松の実、桃、たたき牛蒡、麩の煮しめであった。

天正十六年（一五八八）、豊臣秀吉が聚楽第（じゅらくだい）に後陽成天皇を迎えた時の献立を見ると、四月十五日の酒宴では、初献の肴は小串と鱧、二献は巻貝、鳥、鯉、三献はきざみもの、海苔、すいせん、四献は唐墨、鮑、刺し身、白鳥、五献はすりもの、きざみもも、かたのわ、六献はくまびき、塩引、鮓、酒浸し、するめ、七献は海苔、酢大根、饅頭、八献は巻するめ、山椒鯉、靏の和え物、九献は川物、鮒である。

翌日には初献を塩引、香の物、鱠（なます）、鮓、いもこみ、御飯、二献は唐墨、はす、鯔（ぼら）刺身、

三汁七菜の本膳料理の配膳図（『写真による作法実習記録：本膳の饗応』（東洋図書、大正15年）より）

くらげ、鯛、靏汁、三献は干鱈、山椒鱧、かんそう、鳥、鮑、鯒（こち）、四献は酒浸し、にし貝、蒲鉾・鱸（すずき）、五献は鳴羽盛、いけはく、烏賊、白鳥汁、六献は栄螺、麩、鳥、鯉、七献は鱠、串鮑、鮒で行ない、菓子は麩、ところ、昆布巻き、胡桃、松葉昆布、金柑、椎茸である。

　山海の珍味を集めた本膳料理であって、初日は九献、次の日は七献まで豪華な饗応が行なわれた。図にかかげたのは、三汁七菜の本膳料理の配膳図である。本膳に鱠・坪・香・飯・汁、二の膳は、平・猪口・二の汁、三の膳は刺身・小猪口・三の汁、与の膳は焼物、呉の膳は台引であって、この配膳図は江戸期に入って武士や町人の「食べる本膳料理」によるものである。献立例を示すと、魚肉のつみれ、野菜と茸を具に入れた本汁と生魚の酢の物、煮物、澄まし仕立ての二の汁に、

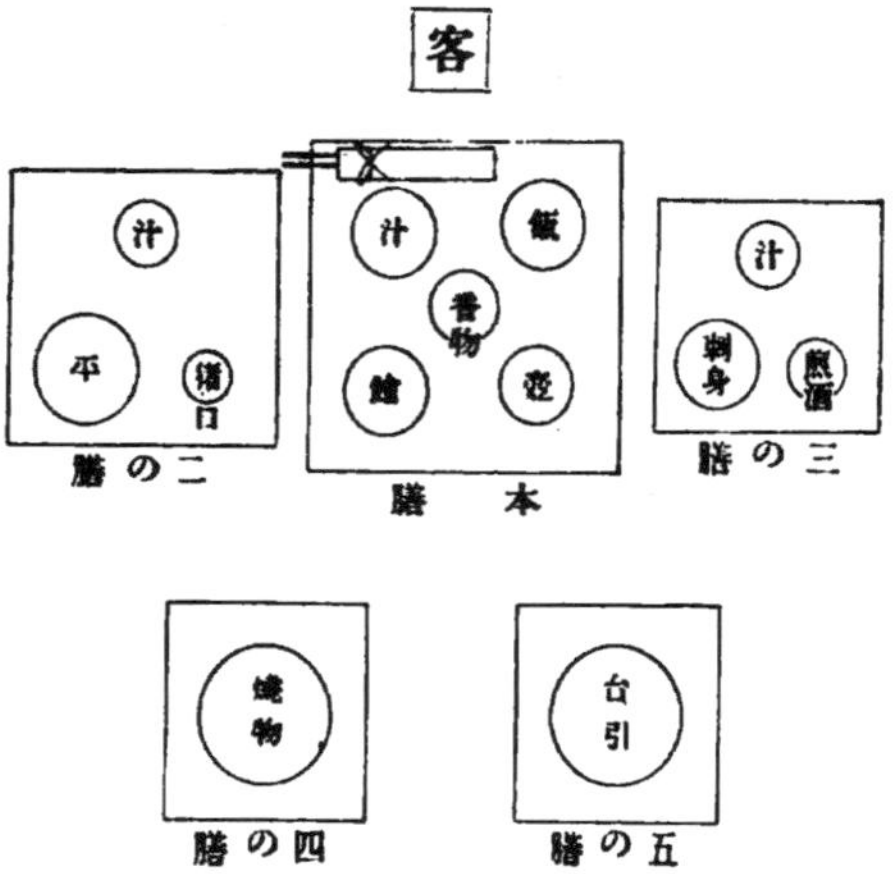

魚、肉、野菜の取り合わせ、浸し物あるいは和え物を組み合わせ、潮汁あるいは潮汁仕立ての三の汁には鳥肉や魚の焼物をあるいは揚げ物、刺身、魚の姿焼き、香の物の盛合せを付け、土産として菓子と鰹節を添える。

料理茶屋の出現と『醒睡笑（せいすいしょう）』の食の世界

天正十年（一五八二）二月十八日、山科言経（ときつぐ）は友の冷泉と同道して、清水寺を参詣した後、清水の茶屋や祇園の茶屋などで、冷泉から振る舞われ、沈酔してしまったという（『言経卿記』）。文禄二年（一五九三）、利休の養子で茶の湯を継承した千少庵（しょうあん）は、秀吉の咎めを解かれ、会津から京にもどると、京の町中の茶の湯の弟子が、「丸山りょう阿弥陀所ニテ御ふるまい候、其より京なかのあそび所になり申し候」と、祇園丸山で少庵を招待して、良阿弥の茶屋で祝宴を開いており、そこが遊び所になった（『不審庵文書』）。

舟木本『洛中洛外図屏風』には、五条大橋から大仏殿へ向かう通りに飯屋が並んでいる。編笠の武士の手を強引に引く女、床几に立膝で座る女の背後の棚には、折敷や椀などの漆

舟木本『洛中洛外図屛風』
（東京国立博物館蔵、出典：Colbase）

器・陶磁器が並ぶ。河原ではしじみ売りがいて、ほっかぶりの男がうまそうに食べている。
誓願寺の安楽庵策伝が著した『醒睡笑』は、策伝が京都所司代の板倉勝重に元和元年（一六一五）頃に話を語った話をまとめたもので、都を中心とする社会や文化の動きを記しており、そこからは商人・物売りや職人の掛け声、会話が聞こえてくる。巻一には、褐の手拭いで髪をつつみ結った女房が、いつも禁中に餅を売りに参り、餅売りなので、言葉の様が賤しく、「いつものかちんが参りたる」と言ったという。「かちん」とは搗飯（かちいい）の音便で臼でついた飯のことである。

巻二には、美濃国立政寺の僧が、都では物の空値をいうから心得ておけ、と言われたので、京に上り祇園あたりで餅を出している棚に寄って、いくらか、というと、「一つ一文」というので、僧は少し合点し、「一文とは空値ぢや。ただ食はう」としゃべったという。

同じく巻二に、下湯（おりゆ）（わかし湯）に入った者が「この湯熱くてたまられず、香の物をはやくもちきたれ」といい、「何の用に」と問われて、「飯の湯のあつき時、香の物にてまはせば、ぬるゆうなるほどに」と答えたという。ある者が饂飩の出た席にかたのごとく頂戴し、「方々にては実ばかりを下さるれど、つひにはこの花を見たことがない、とてもの思い出に見まいらせたい」といったので、「何事をいふぞや」と問われ、「誰も申すはうどんげ（優曇華）の花と」と答えた。

巻三に、ある者が「あへものの菜をば、いつも本皿に盛らず、鉢にても、重箱にても、盛りいれて、ひきぎい（膳部にそえる菜）にしたほうがよい、と庭訓にある」と言うと、「いづれの文にありや、つひに見ぬ」「かくれもない、（あへてもっては後日の恥辱を招く）と

舟木本『洛中洛外図屏風』
（東京国立博物館蔵、出典：Colbase）

いへり」。「たんぽぽのあへ物くふや舌鼓」の句もある。

大名の客への振舞として「湯漬」が出され、「膳を据え」「膳を出せ」など食事が膳に用意され、その「振舞」として海老や「汁に見事な筍」が出された話が多くある。巻三には「振舞の座にて今日のもてなしは酒飯」と見える。巻五では、振舞われて、酒の諸白（もろはく）を天目茶碗で飲み、振舞の素麵が出されている。巻七には、菓子を染付で出すべきか、南蛮物で出すべきか、いかに振舞うべきかが考えられているなど、振舞の座には汁や菜、飯・酒・素麵が膳に出されていた。

巻四には、京の町をゆく大根売りの「大こかう、大こかう」という売り声が、巻八には、足駄を売る商人の「こあしんだ、こあしんだ」という売り声に続いて、菜を売る商人の「なかう、なかう」と続く。舟木本『洛中洛外図屏風』には、大仏殿近くで赤子をおんぶし、頭の上に魔獣を載せた饅頭売りが描かれ、伏見街道沿いには飯屋が軒を並べる。

巻八は茶の湯に関わる話を取り上げ、茶は眠気を醒まして消化をよくすること、「世をおもしろく住む人は茶を愛」することなどを語り、千利休や夢菴（むあん）・古田織部（ふるたおりべ）らが茶徳にかかわる歌を吟じた話を載せる。暑い頃に民家で茶事があり連雀（れんじゃく）商人に茶を飲むよう誘った話、清水寺参詣で茶屋に寄って甘茶を望んだ話である。

五　三都の料理

都の料理

華やかな文化が広がる京都では裕福な町人が成長していた。寛永四年（一六二七）成立の浮世草子『長者教』はその一端を記している。「かまだや・なばや・いづみや」の三人の長者が、いかにして裕福になったかを語るなか、倹約に務めるよう勧めたもので、それぞれ実在する人物である。「なばや」は三井高房（みついたかふさ）の『町人考見録』に見える那波屋一統の先祖であり、「いづみや」は寺町五条の泉屋蘇我家と見られている。

『東山遊楽図屏風』（提供：The Metropolitan Museum of Art）

貞門派の俳人松江重頼は京都で旅宿業を営んで、俳諧撰集『犬子集』を編み、寛永十五年に俳諧作法書『毛吹草』を著した。そのなかで葛西苔（是を浅草苔とも言う）など諸国の名産を書き上げている。一八〇〇種類の名産のうち五分の一が洛中洛外の産出で、西陣撰糸、厚板物などの絹製品を中心とする衣料織物、染色、武具・美術工芸品・日用雑貨、食糧品、医療品と広範囲に及んでいる。

寛永年間に描かれた『東山遊楽図屏風』は、満開の桜が咲き誇る祇園社から清水寺一帯の、多くの人々の遊楽の様子を描く。緋毛氈と茣蓙が敷かれ、宴席の中央には、扇を片手に舞う者の前に松をあしらった大きな州浜台が据えられ、大小の青磁の大皿、蒔絵の重箱二つに料理がのり、蒔絵の行厨（提重・花見弁当）が一つ置かれている。宴席の背後の幔幕が張られた内側にも青磁の大皿が見られ、これから俎板で裁かれた魚が盛り付けられるのであろう。運び出す州浜台が用意され、造花と雉のつがいがあしらわれている。

同じ頃に「平安城東西町並図」が刊行された。北は一条から南の七条まで、東は京極から西の千本までの市街地を描く。東南部の三条から五条にかけては「川原」、東本願寺の北部に「けいせい町」が見え、川原には『洛中洛外図屏風』や『四条河原遊楽図』に描かれていた歌舞伎小屋などが立ち、傾城町には二条柳馬場の遊郭が移されて「六条三筋町」と称され、ともに町人や武家の遊び場となっていた。傾城町は所司代の命によって寛永十七年（一六四〇）に丹波街道に沿った朱雀の地（島原）に移された。

京都の儒者で医師の黒川道祐は、中国明代の『月令広義』に範を求めて、年中行事書『日次記事』を延宝五年（一六七七）に著し、正月から十二月までの京都中心の年中行事を記している。元禄七年（一六九四）には苗村丈伯が『年中重宝記』で京都を中心とした年中行事を平易に説き、干支や方位、日蝕・月蝕・忌日、植木や接ぎ木の時節、食べ物の禁忌、養生法、灸法などにも触れた実用性に富む内容で、絵を随所に掲げている。

正月雑煮（『年中重宝記』、『日本庶民生活史料集成 第23巻』（三一書房、1981年）より）

図は、正月の雑煮の場面で、上部では神社に供物を捧げ供えており、下部では夫婦そろって雑煮を食べ、二人の前に膳があって、その前に鍋と重箱が置かれている。

貝原益軒（えきけん）の『日本歳時記』は、元旦の饗膳は蓬萊と呼び、盤上に松竹鶴亀などをつくり据え、「栗・榧（かや）・海月（くらげ）・海藻・海蝦・みかん・かうじ・たちばな・柿」等を積み重ね、これを味わい、年賀の客にもすすめるという。雑煮については、餅に「昆布・うち鮑・いりこ・牛蒡・やまのいも・うきな・栗・するめ・だいこん・いもし」を加え、煮て羹にして食するもの記している。

江戸の料理

新興の江戸の町人の動きを語るのは、小田原の北条氏政に仕え、その滅亡後に江戸の伊勢町に住む三浦浄心（じょうしん）の『慶長見聞集（けいちょうけんもんしゅう）』であり、豊かな江戸には多くの商人や職人が集まり、商人頭や職人頭に屋敷地が与えられ、紺屋町・鉄砲町・鍛治町・畳町・伝馬町など同職が集住する職人町が形成された、と語る。

江戸の発展は各所からやってきて江戸に住みついた人々が担っていた。寛永元年（一六二四）に大坂の泉屋平右衛門が江戸廻り問屋を開業、同二年に木綿問屋を赤塚善右衛門・升屋七左衛門が、同七年に久保寺喜三郎が大伝馬町に始め、家城太郎が本町二丁目に呉服店を始めるなど、問屋が開かれた。同八年に千住組肴問屋が冥加として川魚を公儀に献上している。

『東京諸問屋沿革誌』によれば、材木問屋・板材木問屋・畳面問屋・灰問屋・小間物諸色問屋・糖問屋・油問屋・蠟問屋・魚問屋・古着問屋・綿布問屋・下り酒屋問屋などの諸業・諸問屋は、寛永年間に始まったという。寛永九年（一六三二）には陸奥の仙台米が江戸へ廻されてくるようになり、まさに江戸の繁栄は、各地の町や村を基盤とする人々が大消費地に富を求め入ってきたことによるものであった。

寛永十三年（一六三六）二月に「朝鮮人初めて参候時の結構」として江戸城で七五三の膳が出され、それを『四条家法式』は次のように記している。

本　塩引・香物　和交（蛸・海月）　食（蒲鉾・手塩・箸棗・小桶）

二　唐墨・スシ　貝盛（ぶり・巻鯣）　汁（集汁・鳥汁）

三　羽盛・船盛　栄螺　汁（鯉・鰭物）

四ツ目　作り物（松立木・はい・蛤・栄螺・つへた・アサリ・金銀グミ）

五ツ目　地紙（作り物　梅ノボク　砂糖　金平糖　キリコセリ　地麵　胡椒　小桶　唐辛子）　金銀ダミ絵有り。盃台九膳内四膳クリ足　押へ候。

一、折飾作物は、桜・山桃・トンボウ・フクサ・蝶

小桶　タリ　籠　切コ　塩引　熨斗

星物（塩貝・羊羹）三つ星（唐墨・マテ・八寸・カイトウ・海苔・アサリ・椿）

菓子九種（松・梅・躑躅）

「洲渡谷御猪狩御仮屋」(『江戸図屏風』、国立歴史民俗博物館蔵、原田信男編『江戸の料理と食生活』(小学館、2004年)より。以下同)

七五三の膳とは、『貞丈雑記』によれば、七とは、飯でも湯漬けでも、四の膳まで出す、五とは、初献が雑煮・そへ肴・鯉の羹、二献が饅頭・そへ肴・鶉の羽盛り、三献が鯛の羹、四献がむし蓼・そへ肴・たちばな焼、五献が、羊羹または水繊羹・そへ肴・鮒の一こん煮。三とは、きやらの膳なり、三の膳まで出すなり、とあってここには五の膳を記す。

この時期に首都として発展した江戸を描くのが『江戸図屏風』で、江戸城のみならず、狩猟や武技の訓練の風景を描いていて、徳川家光の赴いた「川越御城」「鴻巣御殿」「洲渡谷御猪狩御仮屋」といった施設・建物も描いている。前頁の図は「洲渡谷御猪狩御仮屋」で、幔幕の中で二人の包丁師が俎板の肉や魚を切っている。

その前には魚や肉の入った桶があって、背後には膳が重ねて置かれ、その右手では包丁師が前に座る男と話をしながら肉に箸を立てている。手前では、すり鉢の中身を棒で磨っていて、さらに手前の大きな盥には鯉が入っており、酒桶が二つあって、中央では二つの大鍋に火がかけられているなど、狩の後の酒宴の仕度をしている。

日本橋近くの図(『江戸図屏風』、国立歴史民俗博物館蔵)

同屏風の日本橋近くの図では、十字の交差路に多くの店が立ち並び、魚を天秤棒の両端につるして歩く魚売り、天秤棒の両端に魚が入った籠を吊るした魚売りが歩く。また神田

神田の町筋の図（『江戸図屏風』、国立歴史民俗博物館蔵）

の町筋の図では菜売りが天秤棒を担いでゆくなか、竹屋・檜物屋の暖簾がかかる家があり、「みそあり」の看板のある酒屋からは、桶に入れた男が出てくる。河岸では魚が荷揚げされ、周辺の町家では鮮魚や干物が取引されている。

川越の榎本弥左衛門は、寛永十六年に父の塩販売に関わるようになってから、江戸に出て商売に身を入れるようになり、塩廻船によって江戸に入る下り塩の仲買を行なって、日本橋北側堀添いの堀江町に塩河岸の出店をもち、塩問屋から塩を買い付け川越に運び、塩を販売した。

『料理物語』と普茶料理

寛永十三年（一六三六）二月五日に著され、同二十年以後、版を重ねた『料理物語』は、十九種の食材や調理法を詳しくわかりやすく説明、最後に万の聞書や、下ごしらえのコツや、早作りの方法を記している。
その十九種とは、1、海の魚が七十一、2、磯草二十五、3、川魚十九、4、鳥十八、5、獣七、6、茸十二、8、なまだれだし十四、9、汁四十六、10、なます十八、11、刺身二十七、12、煮物三十五、13、焼物六、14、吸物六、15、酒（料理酒）九、16、さかな二十七、17、後段（素麺や饂飩、蕎麦など）、18、菓子三、19、茶三である。

例えば、鶴の汁について「だしに骨を入り煎じ、さし味噌にて仕立て候。さし加減大事なり。褄（つま）はその時の景物よし。きのこはいかほど数入れ候てもよし。何時も筋を置き、すい口わさび柚、又はじめより中味噌煮ても仕立て候、すましにも」と記す。

牡蠣の吸物は、「塩を炒りてよき頃に塩を残し、牡蠣を入、ふきたち候時、すい合せ候。汁少なくば、だしにても、水にても入るげし。塩を炒らずに仕る事も在り。さかしほさしてよし」。三国は「のとのりなり。だしたまりにて仕立て候。川えびを加えよし。すい口こせうのこ」。松茸は、「古酒にてもさわさわと炒り、酒気のなき時、白水をだし、だしたまり加えふかせ候て、すいあはせ出し候。すい口柚の輪切そのまま入る吉」。

卯の花吸物は、「烏賊の背の方を筋違い十文字に細かに切りかけ、又大さよき頃に切り

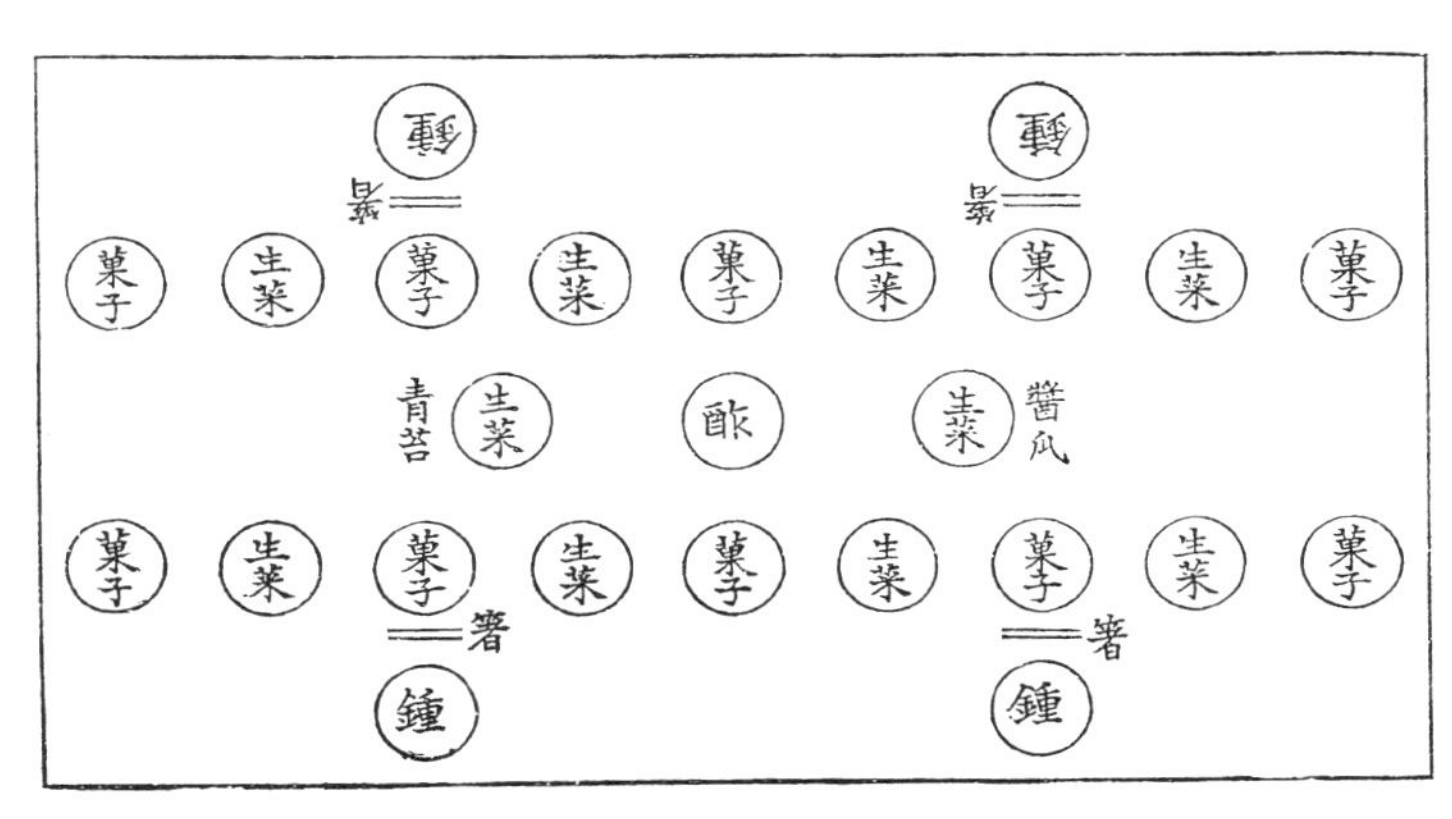

『和漢精進料理抄』（『古事類苑』飲食部、国立国会図書館蔵）

離し、湯に捺して、棲に海苔など入れ、だしにかげをおとし、ふかせすいあわせ出し候也。このわたは「よきところに切り、うす味噌にだしを入、ふき立ち候時、わたを入れ、すいあわせそのまま出し候なり」。酢入り汁は「味噌をこうして、根イモの茎ともに入れ、よくにえ候時、鮒のすしの頭きり入出し候」。

隠元禅師は承応三年（一六五四）に長崎に来朝、宇治に万福寺を開いて、普茶料理を伝えた。その料理を十七世紀末の『和漢精進料理抄』は次のように記している。

普茶は先ず菓子と生茶とを並べ、ちょく（猪口・鐘）と箸とを添えて出すべし。次に茶を引くなり。茶はそのちょくに受けてのみ、菓子生菜を食べて、ゆるゆると茶を飲む。茶四五片も過ぎば、煮菜を二三種出し、その次に小食の饅頭か、菜包(ツアイパウ)を二三種、その馳走の多少によりて出すなり。凡そ菜十五六種あらば、八九種程、出してから食を出し、次にだんだんに菜を一種一種出すべし。図は四人合の図で、四人・五人乃至十人に限らず、あい合せて食べるなり。菜の多少はその時の馳走によりて定まらず。凡そ煮菜十種あらば、生菜もまた十種成るべし。生菜と菓子とは皿に盛り、煮菜は大椀にもるなり、人多きい時は鉢にも盛るなり、とある。

江戸と大坂の経済

寛永末年頃に描かれた『江戸名所図屏風』には、神田界隈において饂飩作りに汗を流す職人や、言葉を交わしながら働く米商人の姿が描かれ、その商人の近くには米俵が二つあり、この米俵の積み荷を船から上げおろしている小網町の職人の姿も見える。

江戸繁盛の一因には大坂の発展があり、多くの商人が江戸にやってきた。米を始めとして多くの荷物が大坂から運ばれてきた。大坂は元和五年(一六一九)に幕府直轄地となり、同八年に淀屋个庵・鳥羽屋彦七らが代表の靫・天満町の塩魚商人が、大坂町奉行に葭町の開発を申請して、新開地に海部堀町など三町が形成された。荷揚げ用に海部堀川が掘られ、さらに惣年寄の宍喰屋次郎右衛門が堀川開削するなど、惣年寄が開発の中心となって運河開発が進められ、寛永年間までに総延長が一六キロに及んだ。

元和五年（一六一九）に堺の商人が紀州の富田浦の廻船を雇って、大坂から木綿や油などの日用品を積んで江戸へ回航させる菱垣廻船が始めた。船腹に菱形の竹垣を組むことでこの名がある。寛永元年（一六二四）には大阪北浜町の泉屋が、江戸・大阪間の菱垣廻船による廻船問屋を始め、寛永四年には毛馬屋、富田屋、大津屋、顕屋、塩屋も開業、続いて樽廻船が寛文年間に伝法村の船問屋が伊丹や西宮の酒荷を中心に日用品を

『江戸名所図屛風』（出光美術館蔵、内藤正人『江戸名所図屛風』（小学館、2003年）より））

『川口遊里図屏風』(大阪歴史博物館、原田信男編『江戸の料理と食生活』(小学館、2004年)より)

江戸に運ぶようになり、菱垣廻船と競合しつつ発展してゆく。

それとともに諸藩は領内の年貢米や特産物を大坂で換金し、藩財政の運営にあてるために蔵屋敷を建てるようになった。慶長年間には諸藩が大名屋敷に蔵米を保管するようになり、大坂の運河の広がりとともに、中之島、江戸堀川、堂島周辺に蔵屋敷が次々に建てられていった。鳥取藩が寛永十五年に米一万五千石、翌年に加賀藩が一千石を廻漕し、明暦期には諸藩の大坂蔵屋敷が二十五に及んだ。

『川口遊里図屏風』は、木津川河口にあって寛永から明暦まで繁栄した遊郭の三軒屋の日常を詳細に描いている。図は、川辺で魚を洗って洗い終えた魚を並べ、その隣りで鳥を焼いている。奥の部屋では大魚を調理し、その両側で根菜を調理、さらに奥では食べ物を吊るして焼いている。大人数で調理に勤しむ「食い倒れ」の名に恥じぬ大坂の料理の風景である。

元禄十年（一六九七）には堂島川の米市場が対岸の堂島に移って堂島米市場が成立、これに魚市場（雑喉場）・青物市場とあわせて、大坂の三大市場が生まれた。西鶴の『日本永代蔵』巻一の三話「波風静かに神通丸」は、「惣じて北浜の米市は、日本第一の津なればこそ、一刻の間に五万貫目のたてり商（立合商）も有る事なり」「難波橋より西、見渡しの風景、数千軒の問丸、甍を並べ、白土、雪の曙をうばふ」とその風景を描いている。

次頁の図は帆をあげて航行する神通丸、水主が帆先の手をかざして天候を伺っており、船尾では櫓をこいでいる。船印・楫の前に立つ船頭が天候の変化に気遣っており、とりわけ船首に立つ二人の客は不安そうで、他の客も不安な様子なか、船の中央の三人は料理を前に酒を飲んでいる。

西鶴の『万の文反古』巻五の二段の「膳居ゑる旅の面影」は、ある夜、長之進の女房の

『日本永代蔵』巻一・三話「波風静かに神通丸」
（『近世文学資料類聚　日本永代蔵』勉誠社、1976年）

『万の文反古』巻五・二段「膳居ゑる旅の面影」（『近世文学資料類聚　萬の文反古』勉誠社、1973年）

密夫が欠け落ちし、伊勢の桑名の渡し場に着き、夜船に乗ろうとして、旅籠屋に立ち寄り、ありあわせの飯を出すように求め、少し横になっていると、土地の名物の、牡蠣の汁に焼き蛤の料理が出された。見ると、膳が二人前据えられていたので、不思議に思っていると、旅籠屋の亭主が来て、あなた様と前後して、今一人、確かに座敷へ通られました、と語ったので、それは長之進であろう、と思ったという。図は、密夫の前に、旅籠の女が二人前の膳を用意し持ってきたところである。

井原西鶴の描く長者

『日本永代蔵』巻二の五話「舟人馬方鐙屋の庭」は、「坂田（酒田）の町に鐙屋（あぶみや）といへる大問屋」の話である。昔は僅かな人宿をしていたが、その才覚から近年は次第に家が栄え、諸国の客を引き請け、北の国一番の米の買い入れにより、惣左衛門の名を知らぬものがなくなった。

「表口三十間・裏行六十五間」の屋敷には、家や蔵が建て続き、台所の様子がめざましい。米・味噌を出し入れする役の人、薪の受け取り、肴奉行、料理人、碗家具の預かり、菓子の捌き、たばこの役、湯殿役または使い番などを決め、手代、書記役など万事一人に一役ずつ受け持たせていたという。

『日本永代蔵』巻二・五話「舟人馬方鐙屋の庭」
（『近世文学資料類聚　日本永代蔵』勉誠社、1976年）

絵は、鐙屋の客間と台所を描く。客間で女たちが配膳中、台所では諸肌抜きの男と、片肌脱ぎの男が大きな爐で魚を焼いている最中、その後ろでは巨大な竈の上の大釜で炊かれた飯を、梯子を懸けて大きな杓子で取り出す諸肌脱ぎの男、大きな桶のなかの鱠を鍬で和えている男がいる。

巻六の一話「銀のなる木は門口の柊（ひいらぎ）」は、越前敦賀に住む年越屋の何某という有徳人が、この土地に久しく住みなれ、味噌・醤油を造り、初めはささやかな商人であったのが、しだいに家が栄えた話。世渡りに万事抜け目なく、山家に毎日売る味噌を、どこの家でも小桶や俵をこしらえて入れたので費用がかさんでいたところから、新しく工夫し、七月の魂祭（たままつり）の棚を崩して川に流れた蓮の葉を拾い集め、小売味噌を包んで売った。この利口なやりかたを世間でも見習い、今はこれで包まぬ国はない。

親仁は程なく大屋敷を買い、その庭木を大事に育て、昔植えた柊が大木になって家の目印、年越屋の目印となった。一枚一銭ずつのことでも一代での失費と考え、一万三千両持つまでは、取葺屋根の軒の低い家に住んでいたのだが、総領に嫁をとる約束の際には仲人の勧めから、内儀と示しあわせ、京から今風の衣装・買い物を整え、世間に笑われぬ頼み樽を仕立て、二十五人の背丈のそろった六尺を雇って先方へ送り届けたという。

次頁の図は年越屋（としこしや）の店内の風景。右下に「みそおろし」「しょうゆおろし」とあり、土間の右上に味噌樽、左下に醤油樽があり、店を訪れた客に味噌の計り売りをしている。帳簿をつけている手代の脇には掛硯、進物台の上に載せて塩鯛一掛、角樽一荷、昆布など結納品に前に座るのが親仁と息子である。

西鶴の『万の文反古』巻一の四段「来たる十九日の栄耀献立」は、呉服屋に川船での馳走に誘われた病後の長者の手代が、献立についての要望を伝え、川遊山の船に出かけたと

『日本永代蔵』巻六・一話「銀のなる木は門口の柊」
（『近世文学資料類聚　日本永代蔵』勉誠社、1976年）

いう話。献立の要望とは、本膳の集汁をごったに入れる際は、竹輪と皮フグはのけ、膳の先の献立の鮎の膾は見合わせてほしい。川魚が重なるので、銘々の杉焼も、鯛と青鷺の二品にし、煮ざましに真竹の筍一種はしゃれてよいものです。

割海老と青梅の和え物、吸物は鱸の蜘蛛腸、引肴に小鯵の塩煮、たいらぎの田楽、また燕巣に金柑麩などは結構なものです。

味噌汁の吸物はおやめください。酒三献あって膳を下げ、後段に寒ざらし粉の冷やし餅、吸物はきすごの細作り、酒一つ飲まれた後は早鮨を出し、山椒とはじかみとを付け合せてだし、その後、日野の真巻桑瓜

『万の文反古』巻一・四段「来たる十九日の栄耀献立」
（『近世文学資料類聚　萬の文反古』勉誠社、1973年）

に砂糖をかけてお出しください。お茶は菓子抜きで一服ずつ立ててお出しください、というものであった。

図は、屋根船の座敷中央に座るのが招待された長者、船の軸の前屈みの男が招待した呉服屋、艫では料理人二人が魚を料理し、手前の船は湯殿舟で、浴衣を羽織った湯あがりの男が見える。

『人倫訓蒙図彙』の職人

元禄の大衆社会の職業構成・階層構成を示しているのが、元禄三年（一六九〇）に刊行された『人倫訓蒙図彙（じんりんきんもうずい）』であって、当時の人々（「人倫」）の仕事や職業を図解している。料理に関係するのは、次の人々である。

①　「能芸」料理

②　「商人部」椀家具や・酒屋・酢・糀師・味噌屋・瀬戸物屋・米屋・魚屋・八百屋・油屋・麺類売・焼豆腐師・粉や・蘭麝粉・扣納豆・法論味噌

③　「職の部」臼師・豆腐師・麩師・昆若師・素麺師・菓子師・餅師・粽師・煎餅師・道明寺師・飴師・焼餅師・飯鮨師

④　島原の茶屋

このうち「料理」とは「料理を芸として身を立てるを料理人とも、包丁人とも号す。そのものを召し抱るは言ふに及ばず、貴賤の人わきまへ知るべき道なり」とあって、上半身裸で鯛を水洗いし、側に蛸を置く者と、箸を二本立てて、包丁で鯛を切る者がおり、包丁二本と切り身が皿に盛られている。「椀家具や」は「品々の椀、折敷并弁当、盆、重箱、提重（ささげじゅう）、張付、障子縁、書院床の縁など万塗り物、これを商ふ。新町二条の北にあり」とあり、椀家具に囲まれている商人を描く。

「酒屋」は「京、大坂、奈良、伊丹、鴻池等、名酒品々にあり、酒造る男を杜氏・鹿酌といふなり」とあって、女商人が柄杓で甕の酒をすくい、少女の持つ瓶子に注いでいる。
「酢」は「和泉の酢、名に高し」とあり、酢屋が少年に酢を売っている。「瀬戸物屋」は
「一切の焼物、諸国より出す。しかれども肥前唐津やきをおもに商冬へ、瀬戸物といふ也。

「料理人」(『人倫訓蒙図彙』、国立国会図書館蔵、以下同)

「椀家具や」

「魚屋」「八百屋」

「麺類売り」「焼豆腐師」

所々にあり」とあって、赤子のまわりにたくさんの瀬戸物が並ぶ。「米屋」は「米は諸国より大津、大坂に着くを分散して、京につける。加賀をもって上とす」とある。

「魚屋」は、「諸国より出る。椹木町の西武者小路、錦小路等、そのほか所々にあり、鳥、鮨など同じく是を商う、同所にあり」と見え、「八百屋」は「一切、精進の調菜、乾物、海草、木の実、草の根、あらゆるもの也。錦小路を初め、所々にあり」とある。「油屋」は「大坂長堀天満にてしぼり、所々へ出す、京向き、江戸向きとてあり、昔は山崎を名物とす」とある。

「扣納豆」「法論味噌売」

「麺類売り」は「饂飩、蕎麦切をる一膳きりに定め、夜になりて、になひ歩く、そのほか麺類は慳貪と号して、一膳の代五分切に是を商ふ。大仏門前をはじめ所々にあり」とあって、「焼豆腐師」は「市の町、法会の場、祭礼の所、万日千日の廻向、所詮人の集まる所に見せかまへず、といふことなし。酒肴は付けあわせなり。蕨餅師、麩の焼師、飴売り、石花菜うり等、一連なり」とあって一緒に描く。

「粉屋」は「うどんの粉、蕎麦の粉、是を売る。麺類師。饅頭に是を用ふ、又大豆の粉、芥子、山椒の粉など別にあり、又附子の粉、女の針うり、是を商ふなり」とあって、男女三人が臼を挽きまわしている。「扣納豆（ひかえ）」は「薄平たく四角にこしらへ、細々菜。豆腐を添ふる也。根やすく早業の物、九月末、二月なか売りに出る。冨小路通四条上ル町」と記し、法論味噌売とともに描く。

商人の活動と幕府の饗応の膳

『日本永代蔵』巻六の二話「見立てて養子が利発」は、江戸の通り町中橋の辺りに銭店を出し、手代を大勢使って日頃は始末の良い者が、一両二歩の鯛を買い整え、恵比寿講の祝儀を催した。手代ら一同が何心もなく祝いの夕飯をすましていたところ、若い奉公人の中で伊勢山田から来た十四歳の丁稚が、膳を二、三度押し頂き、食う前に算盤をはじいて江戸に来て奉公したからこそ、こんな御馳走に有りつける、と喜んでいた。

これが主人の目に留まり、わけを尋ねられると、今日の鯛の焼物は、一両二歩で背切が十一切だから、一切れの価は銀七匁九分八厘ずつにあたる、小判一両が銀五十八匁五分の相場として計算すると、まるで銀をかむようなものである。塩鯛や干鯛でも、もとは生なので祝う気持ちは同じであって、今日の腹の具合はいつもと変わりはしません、と答えた。聞いた主人は利口な奴だと感心し、親類中を呼び集め一部始終を語って養子にしたという。

図は恵比寿講の祝膳の前に、主人夫婦と奉公人たちが座り、床の間には恵比寿の画像を掛け、三方には神酒と鯛の焼物、主人は礼装をしており、その正面には養子となる丁稚が座っている。

『日本永代蔵』巻六・二話「見立てて養子が利発」(『近世文学資料類聚　日本永代蔵』勉誠社、1976年)

明暦三年（一六五七）以降、浅草の金龍山の奈良茶飯屋は「茶飯・豆腐汁・煮染・煮豆等」をだし、江戸の庶民の好評を得たと、柏崎具元（永以）が『事跡合考』で記している。この茶屋について西鶴は『西鶴置土産』で「うつは物の奇麗さ

『江戸雀』巻三（『近世文学資料類聚　江戸雀』勉誠社、1975年）

色々」と賞賛している。山東京三の『雲の糸巻』は、天和の比より、初めて浅草並木に、奈良茶飯の店があるのを、人が珍しがり、茶飯を食おうとわざわざ行ったと、草紙に見えるという。

延宝五年（一六七七）刊の『江戸雀』は、江戸の町の案内書で、それに菱川師宣描く日本橋の魚市が描かれている。武士一行が日本橋を往くなか、二艘の船が河岸に着き、そこで水揚げされて桶に入った魚などのセリが行なわれている。上半身裸の男らが手をあげ、帳簿をつける男がおり、裸の男二人が魚などを持ち帰ってゆく。

享保元年（一七一六）三月七日に公家衆

が江戸に下り、馳走の能があった後の料理献立は次の通りである。

七五三　　　　　　白書院

鱧（大重金土器敷輪木地）　鰑（上同）　蒲鉾（金銀亀足）

本　木地薄盤　　　　和交　切焼鱒（平皿敷輪木地）湯漬（手塩箸台）

香の物（大重金土器敷輪木地）福目（上同）小桶（梅ひしほ香の物）

塩引鮭酒（小重金土器敷輪木地）福目（同）汁（くらこ松茸焼豆腐里芋皮牛蒡）

二　　　　目盛（亀足）

熨斗盛　　　　海月　　汁（鶴麩椎茸）

羽盛　　　　　汁鍋

三　　　栄螺（亀足）

船盛　　　　　汁鍋

吸物鮒　箸台

吸物（卯の花入り・品川海苔）箸台

吸物（ふくら煮鮑、同わた）　箸台

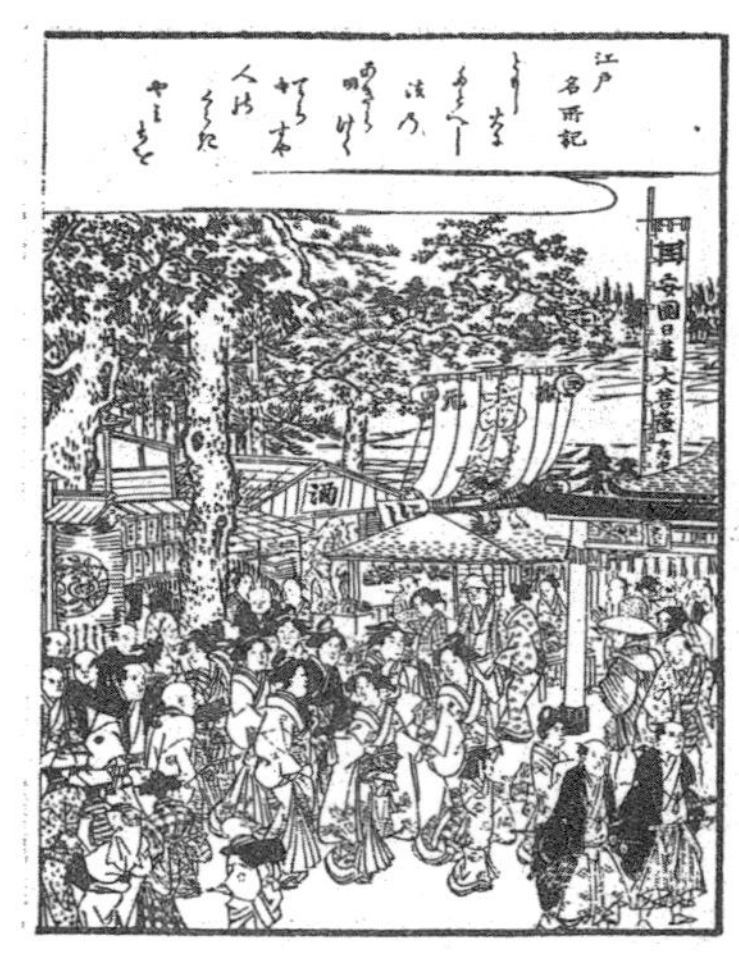

雑司ヶ谷法明寺会式（『東都歳時記』、『日本名所図会全集』（名著普及會、1975年）より）

奈良台　菓子（羊羹・すわま・饅頭・あるへい・煎餅・枝かき・結昆布）
　　　　蝶千鳥　やうし
　　　　煮しめ（むし貝・車ゑび・ぜんまい）　餅菓子（小饅頭・外良餅・付彩餅・羊羹・鶉焼・白はし）古吸物（鶴・松茸）
香の物　一切蒲鉾

鬼子母神信仰で知られる江戸の法明寺門前の参道一帯の発掘調査による雑司ヶ谷遺跡からは、十七世紀後半から十八世紀中期以降までの遺物が出土しており、正徳から享保期にかけて茶屋があったことが、複数の井戸や参道に面した建物遺構の裏側のゴミ穴群の存在から知られる。

出土した遺物には、食器の陶磁器があり、その組成は、大皿・小皿・碗・大鉢・小鉢・蓋物・合子・壺・湯呑・土瓶・甕・こね鉢などで、廃棄された食物には、赤貝・栄螺・牡蠣・アサリ・蛤・真蜆などの貝類、鯛・鰹・鮪などの大型の魚がある。

これら食膳具や食物残滓など食生活に関わるものが多く、料理を提供する店が参道に立ち並び、鬼子母神の門前町繁昌していた様子がうかがえる。縁日ともなると、参道には図の如く露店が屋台を構え、振売りが物を売っていた。

精進料理と祝宴の調理

京都では江戸期に入っても民間で精進料理が出されていた。享保二十年（一七三五）十月二十三日の懐石は次のとおり（『不審庵茶会記』）。

揚げ豆腐　　たたき菜
平皿　水菜　　汁　しいたけ

さんせうのし　　　　　　　　　うと
　　豆子　香ノ物
楪子　大根の　しろあへ・セリ焼
吸物　ゆ　　　　　　　飯
菓子　わらびもち

平皿と楪を向こうに並べ、中置の香の物を入れ、飯と汁を配す四椀形式をとっている。精進料理は寺院の枠を越え、広く民間の料理と交わり、野菜料理として広がってきたのである。この場合、寺院とは違って一品に魚・鳥が入ることもあった。

宝暦四年（一七五四）に大坂の平瀬徹斎が画師の長谷川光信を起用し『日本山海名物図会』を刊行。鉱山の記事に始まり、諸国の名物の実物を写して解説する挿絵中心の図会で、近郊の農産物や水産物を扱うなど約七割が近畿の産物である。名物の紀州蜜柑について、「紀州・駿河・肥後八代より出る蜜柑皆名物なり、中には紀州すぐれたり。皮あつくして、その味よし。京大坂多くは紀州なり」とある。

堺包丁については、「堺の津山上文殊四郎、包丁鍛冶の名人なり。正銘黒打と云ふ。刃

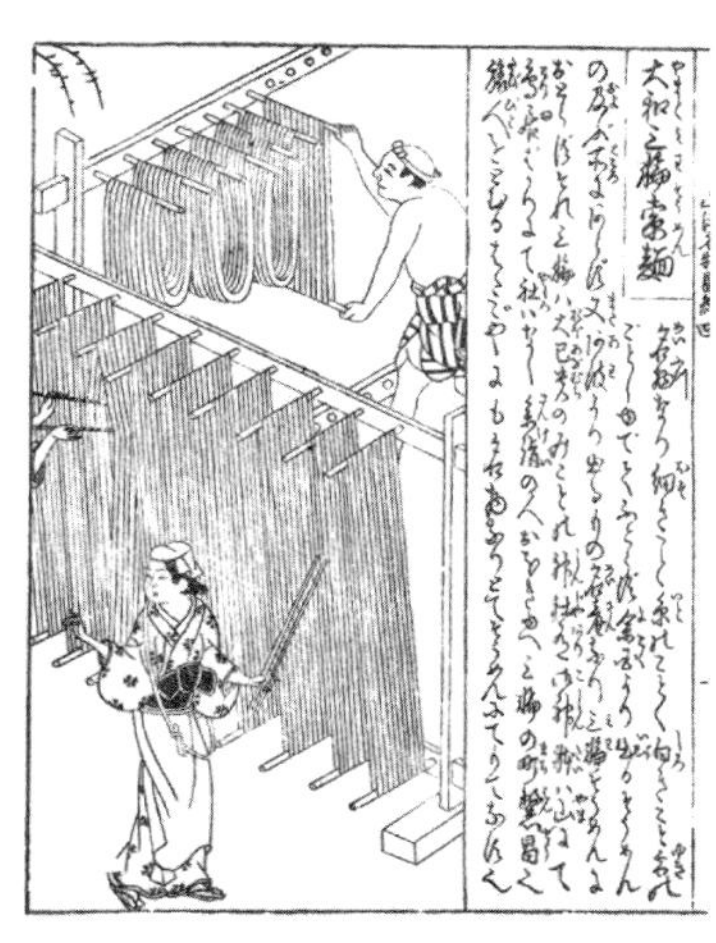

「大和之三輪索麺」（『日本山海名物図会』、国立国会図書館蔵）

金のきたひよく、切れ味格別よし。出刃・薄刃・刺身包丁・まな箸、タバコ包丁、いずれも皆名物なり」とあって、工場では包丁を鍛え、研ぎして、店先で売っている。「大和之三輪索麺」は「細きこと、糸のごとく、白きこと雪のごとし」とあって、図は、女二人が二本の割棒で生地をさばく三輪素麺。

「大坂北浜米市」については「正米市あり、帳合米市有。正米市とは現米の売買なり。帳合米とは通用米にて、差引きして利損をはかるなり。帳合米は加賀二百俵、筑前三百俵を一商と定む。また虎市といふあり、これは二十石の売買なり。やりくり両替屋五十軒あり。帳合米を引き請けて、高下の値段を差し引きするなり」とあって、図では、少年らが手に文字の入った紙をもって、提灯をぶら下げ尋ね歩くなか、船の中では蒲焼を食べている。

「大坂北浜米市」（『日本山海名物図会』、国立国会図書館蔵）

江戸の料理店と卓袱料理

江戸市中に料理屋が増えるのは宝暦頃からで、喜多村信節（のぶよ）の『嬉遊笑覧』は、享保半ば頃までは、「価をだし食事をせむ事思いもよらず」と、古書を引いて語り、山東京三の『雲の糸巻』は、「都下繁盛につれ、追々食店多くなりし中に、明和の比（一七六〇年代）に深川洲崎に升屋祝阿弥といひし料理茶屋」は、「その住居が二間の床、高麗縁、長押作り、側付を広座敷とし、二の間、三の間に小座敷、園中の小亭、又は数寄屋・鞠場まであり、庭中は推して知るべし」と、深川の升屋を特筆する。

柴村盛方の『続飛鳥川』は、「料理茶屋にて会席仕立ての始めは、安永の末、深川桶三分といふ者へ、出羽の隠居南海殿の好みて、仕出し献立引き札を出す」と記し、『嬉遊笑覧』は、芝居の笛吹である薬研堀の川口忠七鳴竹が会席料理を始めたという。この料理は、茶菓から入って酒が出され、吸物や口取肴が出され、煮物と焼物の二つの物や刺身・茶碗物、更には一汁一菜と香の物で飯となるコース料理である。

『武江年表』の天明年間（一七八〇年代）の記事には、「神田左柄木町、山東という料理屋にて卓袱料理を成し行はる。しっぽく料理はすべて宝暦・明和の頃より世に行なわれしかば、浪速の禿箒子「しっぽく料理趣向帳」といへる草紙を著し、明和八年（一七七一）に梓に行へり」とある。その『新撰会席しっぽく趣向帳』に載る卓袱料理の献立の大旨は次の通り。

第一　湯鯛　　煮がへし酢

鱠（青酢、さより・きくらげ・赤貝・三つ葉）　小皿（中の鯛よろし）

あへ物（ひしこぬたからしあへ）　煎付（小菜中皿、鮑化、蛸か、栄螺壺焼か）

精進物（嫁菜は浸し物か、大菜は吸物なり。小菜四五種は絶えず卓の上にあるべし）
第二　味噌汁（こち、かゐわり、菜あるひはこちのふぐ料理などよろし）
第三　すまし（奥の煮物・吸物、精進の部にて見合すべし）
およそこの辺にて、上戸と下戸のわかちあるべし。是れ第一の心がけ成り。下戸あらば、ここにても油揚げ物、雁もどき、下戸は油上げの類好む人多ければなり
第五　焼塩あんばい（水吸物の心也。雲わた・せん柚子等の類よし）
第六　赤味噌汁（大蜆、からし）
第七　飯（海苔飯、黄飯、紅飯、麦飯、挽割飯、辛味をそへ、煮出し薄醤油なり）
　香物（付け合せ、あるいは一色）
菓子（同断、四季の景物、遠来の土地の土産など用べし）
茶（薄茶、濃茶、煎茶、出し茶、この四種は時宜によるべし）

長久保赤水の『長崎紀行』には、明和四年（一七六七）十月に長崎桜町の菊左衛門宅での夜食に「唐様」の「卓子（しっぽく）」という饌部を出され、給仕のものに指南されて箸を取り、一案に六人ずつ囲み座って食べたが、飯椀ばかりは面々で羹菜（こうさい）は寄合であった。案（卓）の

差し渡しは二尺四・五寸、酒を始めると間もなく大鉢に、素麵、鯛、せん卵、木茸、葱、大鉢はかわらずに、どんぶりは皆変わった、という。料亭の料理とはだいぶ違いがあるようだ。

その長崎出島のオランダ商館では、オランダ正月（新暦の正月）に、通訳や書記とその家族、町役人、出入りの商人などを招待、猪の腿丸焼き、焼き豚、ハム、ソーセージ、豚のカツレツ、鴨の煮物、魚のフライ、海老のスープ、カステラ、タルトなどオランダ料理を馳走していた。次頁の図は川原慶賀『蘭館絵巻宴会図』の長崎出島オランダ商館の食事風景で、テーブルの上には肉類が多く並んでいる。

天明五年（一七八五）に長崎の俵物会所を俵物役所と改め、各地の俵物会所が俵物を集荷するようになった。蝦夷地は俵物の産地であったから、蝦夷地の開発も貿易と絡んでいて、函館には俵物会所が設置され、勘定所の役人が集荷事務にあたった。綿作生産に必要な肥料として鰊や鱒の脂を搾った〆粕の需要が増大しており、蝦夷地の開発が進んだ。

その蝦夷地ではアイヌが、漁撈や狩猟で得られた鮭や鹿、山野の採集で得られたオウバコユリの鱗茎やドングリ・山菜、畑で栽培された雑穀やジャガイモなどを食材とし、調味

『蘭館絵巻宴会図』（長崎歴史文化博物館蔵、原田信男編『江戸の料理と食生活』（小学館、2004年）より）

『蝦夷島奇観』（原田信男編『江戸の料理と食生活』（東京国立博物館蔵、小学館、2004年）より）

料は塩や魚・獣の脂肪を用い、油脂をふんだんに使って味付けていた。串原正峰（せいほう）の『夷諺俗話（いげんぞくわ）』からは、食生活の中心は魚

「芝蘭堂新元会図」（早稲田大学図書館蔵、原田信男編『江戸の料理と食生活』（小学館、2004年）より）

にあって、捕った魚は海水で煮て食べる、貯蔵する時は干物にする、根や茎を食するもの五十三種をあげており、様々な自生植物が食用に供されていたことがわかる。図は幕府の役人村上島之丞（しまのじょう）が『蝦夷島奇観』で描いたアイヌの住居で、中央に炉（アペオイ）があり、右手の漆器類は和人との交易で得たもので、宝としていた。

寛政六年閏十一月十一日（一七九五年正月一日）、大槻玄沢は江戸京橋の芝蘭堂（しらんどう）に多くの蘭学者を招き、新元会と称し太陽暦の元旦を祝った（オランダ正月）。前野良沢（りょうたく）・桂川甫周（ほしゅう）・司馬江漢（こうかん）・森島中良（ちゅうりょう）・大黒屋光大夫らが参加した。図は「芝蘭堂新元会図」である。

京都の料理屋、伊勢の料理

京都の円山には量阿弥の料理茶屋があり、貞享元年（一六八四）の『雍州府志（ようしゅうふし）』には、円山が「比丘尼をたずさえて、ことごとに飲食を売り、男女遊楽の場となっている。醬梅、欠き餅などが名産」であると記し、梅漬けが名物となっていた。滝沢馬琴（ばきん）は、丸山の料理茶屋の主は、僧侶で肉食妻帯しており、いずれも何阿弥と称し、座敷、庭も奇麗で料理もよろしい、と『羇旅漫録（きりょまんろく）』に記している。

松浦静山（せいざん）の『甲子夜話（かっしやわ）』は、建物に入ると、部屋が掃除されており、亭主とおぼしき僧服で頭を丸めた人が出てきて挨拶し、軽焼というへぎ餅を油で揚げたものを、吉野紙で包んできた。世にいう円山軽焼だが、おいしくはなかった。僧が引っ込むと、酒肴を連ねて女性がもてなす。聞けば江戸でいう料理茶屋であり、僧は亭主で妻子があり、名を也阿弥（やあみ）、

「正阿弥」（『都林泉名所図会』、国際日本文化研究センター蔵）

あるいは正阿弥などというと、ある人に聞いたと記している。図は「正阿弥」（『都林泉名所図会』）。

京都には多くの料理屋が誕生し、天明四年（一七八四）に京都を訪れた司馬江漢は「三条生洲、松源、柏屋等の名家あり。鯉・鮒・鰻、酒を飲む」と記し、『羇旅漫録』にも、生洲は高瀬川を前につくられ、夏は涼しく感じられ、柏屋・松源などが流行っている。柏屋は先斗町に出店があり、松源は近年殊に客多く、鰻や鯉のあらいが名物という。

安永九年（一七八〇）に読本作者で俳人の秋里籬島が、浮世絵師の竹原春朝斎を

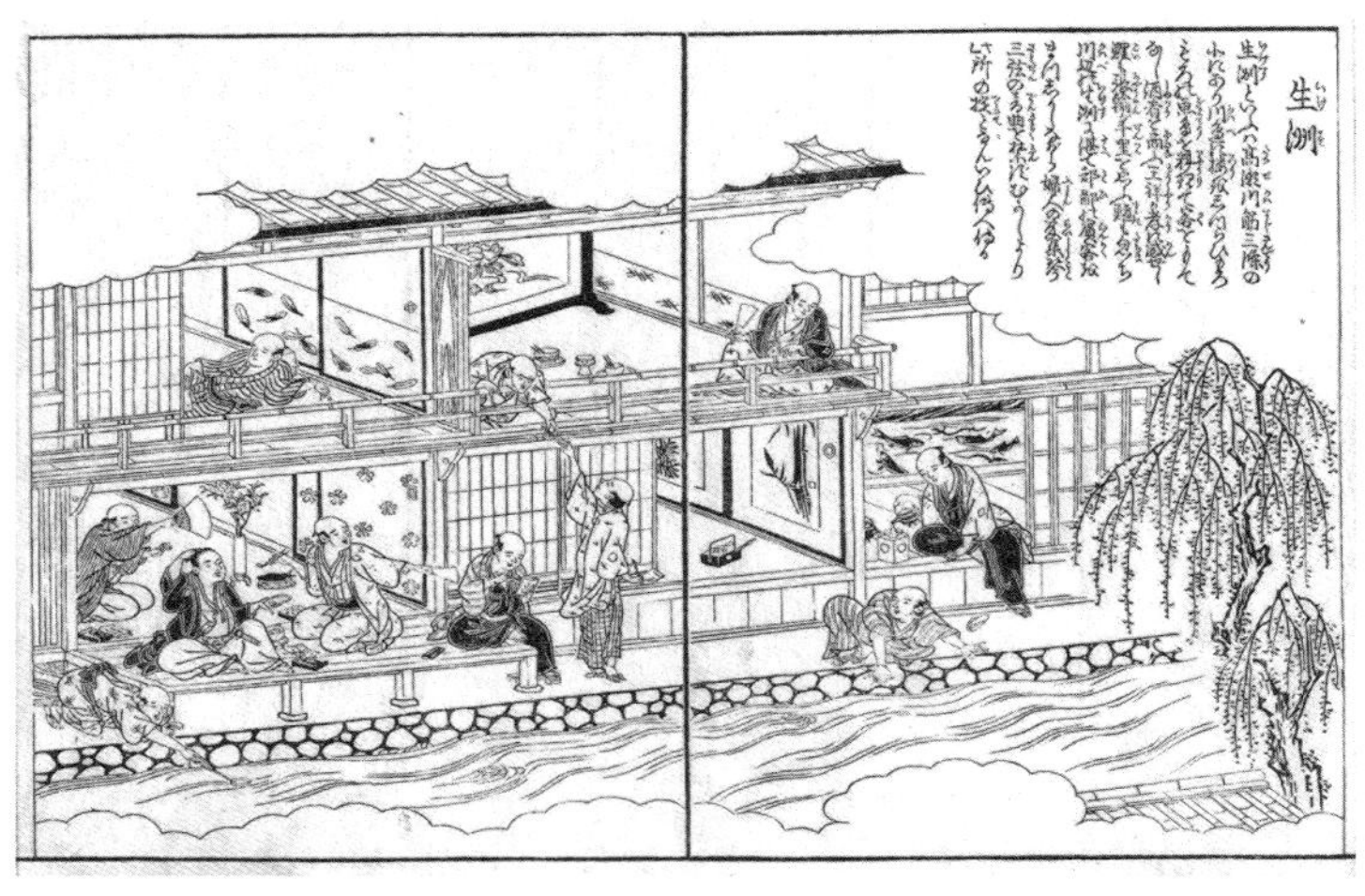

「生洲」(『都名所図会』、国際日本文化研究センター蔵)

起用して著わした『都名所図会』には、生洲が高瀬川筋三条の北にあり、川辺に二階建ての建物をつくり、いろいろの魚や鳥を料理して客をもてなし、酒や肴を売る。鯉も鱸もたちまち川辺の生洲にあって、都や地方の客を待っている。絵はその生洲の料理屋である。

祇園社の社頭には二軒茶屋があった。焼き豆腐で知られ、地唄の「京の四季」に「浮かれ浮かれて粋も不粋も、物堅い二本ざしでもやわらこう、祇園豆腐の二軒茶屋」と謡われている。『橘窓自語』によれば、昔は東西二軒とも藤屋だったのだが、藤屋が困窮し、東側の茶屋の主人が買って

「二軒茶屋」（『拾遺都名所図会』、国際日本文化研究センター蔵）

中村屋となり、祇園の社家や僧は五月末と十二月末とに、藤屋の屋敷に幕を張り、寄合の時には、味噌汁に小串刺しの焼餅を入れ、香をつけた茶屋雑煮を食べたという。図はその二軒茶屋である。

京都から伊勢神宮向へとかう道筋の名所を描く蔀関月（しとみかんげつ）の『伊勢参宮名所図会』には、伊勢富田（とんだ）の焼蛤の茶店を描いている。「名物しぐれ蛤」の看板があって、「蛤の焼かれて啼くや郭公」の宝井其角（きかく）の句が記され、焼蛤で一息つく客の姿がある。

文政五年（一八二二）に金井忠兵衛が書いた『伊勢参宮幷大社拝礼紀行』によれば、旅籠での食事は、菓子・雑煮・吸物・肴

「富田」(『伊勢参宮名所図会』、国立公文書館蔵)

「古市」(『伊勢参宮名所図会』、国立公文書館蔵)

に続いて、硯蓋にはあわび・鯛・九年母（くねんぼ）（柑橘類の一種）・えびいも・こぶ・蒲鉾、大鉢に大鯛で、ここから本膳・二膳が出され、平には鮑・青菜・しみどうふ、皿には「焼き肴」だったという。参宮客が宿泊した古市ではどうだったのか。

『伊勢参宮名所図会』は、古市が伊勢外宮・内宮の間にあり、「昔の市場なり。今、諸国に三日市・四日市・八日市などいひて、その日をきはめて市をなせし名の残りたるなり。市は近国近郷の商人の集まる所なれば、その市とさす所、必ず遊女ありて旅人の憂いを慰す。これ湊・船着などに同じ。さてこの古市も、間（あい）の山の内にて、前条にいひしごとく、間の山の節をうたひしものなるに、物あはれなる節なる故、いつの頃よりか、うつりて、川崎音頭流行して、これを伊勢音頭と称し、都鄙ともに廓のうたひ物とはなりたれども、この地の調べは普通に越えたり。これ神都風土にかなひ侍るものか」と記し、古市の座敷で客が食事をとっている前で、お杉、お玉などの娘が伊勢音頭を踊っている。

応挙の祝宴調理図と大坂の料理屋

弄翰子編『平安人物志』は、京都在住の「学者」「書家」「画家」などの人名録で、その初版の明和五年（一七六八）の「画家」に、大西酔月、円山応挙・伊藤若冲・池大雅・与謝蕪村らが載る。

伊藤若冲は、享保元年（一七一六）に錦小路の青物問屋「桝源」に生まれ、四十歳の宝暦五年に家業を弟に譲って本格的に絵を描き始めた。個性的な「質画」を求め、沈南蘋の明清花鳥画に学び、自宅の庭に鶏を飼って観察、「我物象を画くに、真に非ざれば、図せず」と、真を求めて身近な動植物を描いた。

若冲の「丹青」（絵画）について、黄檗宗万福寺の住持は、偈頌を与えており、煎茶道を中興した売茶翁（高遊外）は、「活手の妙、神に通ず」と称えている。高遊外は、肥前鍋島藩の柴山常名の子で、利休に始まる茶の湯や禅の堕落を批判し、自ら茶道具を担ぎ路傍で茶を「一服一銭、ただよりは負け申さず」と提供する活動に入って、売茶翁と呼ばれた。若冲は、道服を着て天秤棒で涼炉と茶壺を担う『売茶翁図』を描いている。

享保十八年（一七三三）、丹波の穴太村に生まれた円山応挙は、京に出て四条通柳馬場の尾張屋中島勘兵衛の玩具屋に勤めるなか、写生を重視し、玩具店勤めの修行期には「眼鏡絵」を制作した。次頁の『七難七福図』は、三井寺の祐常門主の依頼で描いたもので、天災・人災・福からなり、その福の巻に祝宴の調理の場面がある。右側では火を使って五人が調理にあたり、左側では大きい桶三つに飯が入れられ、仕度の最中である。

大田南畝は『一話一言』に三都の食などを比較した狂歌を引いている。それによれば、

『売茶翁図』（「生誕300年記念　若冲展　展覧会図録」（日本経済新聞社、2016年）より）

『七難七福図』（相国寺蔵、原田信男編『江戸の料理と食生活』（小学館、2004年）より）

京は、「水、水菜、女、染物、みすや針、御寺、豆腐に、鰻、松茸」、大坂は「舟と橋、御城、草履に、酒、酒、蕪菜、問屋、揚屋に、石や、植木屋」、江戸は「鮭、鰹、大名屋敷、生鰯、比丘尼、紫、冬葱、大根」とあって、京は水が筆頭にあり、名水で知られ、食べ物の数も多く挙げられている。江戸は海に近く鰹や生鰯など足の早い魚料理に特徴があるが、大坂については蕪菜しかあげていない。

ただ、『浪速の風』は、「即席料理の店は多くして、江戸と替わることとなし。されどもその調理風味の大旨をいはば、江戸は淡味を主として甘美なるかたにて、当地は滋味を主として塩辛き方なり」と記している。

寛政八年（一七九六）に秋里籬島は、浮世絵師の竹原信繁（のぶしげ）らを起用して刊行したのが『摂津名所図会』と『和泉名所図会』であり、その写実的な挿絵からは当時の風俗がうかがえる。図

「高津宮の下　黒焼の店」（『摂津名所図会』、国立国会図書館蔵）

は『摂津名所図会』の「高津宮の下　黒焼の店」で、この店には「虎の皮・豹の皮・熊の皮・狐・狸までも、軒につり、諸鳥は迦陵頻伽（かりょうびんが）と、鳳凰はなけれども、そのほかはことごとくならべて自在なり。黒焼きは大きなるものは、大鵬の翼、小さきものは蝸牛の角の国争ひまで黒焼きにして、店前にその鍋を飾り、めざましきほど並べうるなり」と記している。図には「萬黒焼所」の看板があって、軒に多くの禽獣・鳥が釣られている。『料理物語』は、狸汁の作り方を、「野ばしりは皮をはぐ。みたぬきは、焼きははぎよし。味噌汁に仕立て候。褄は大根牛蒡、そのほか色々、吸い口にんにく、

『摂津名所図会』「住吉新家　三文字屋　貸食店」（国立国会図書館蔵）

だし酒塩」と記す。

「住吉新家　三文字屋　貸食店（りょうりだな）」では、様々な食材を調理している様子を描いている。『浪花雑誌　街廼噂（まちのうわさ）』は、手長と万松が「かしわじ」という吸物屋を寄った時の話を載せている。

万松が「吸物で一つ出してくんなせい、肴は何がありやすねへ」というと、少女が「ハイハイ、そこにかきつけてござりますものは、みなできます」、手長「なるほどかきつけてある。先さしみを出してくんな。オヤオヤ解からぬものがある。この菓子椀といふは、菓子を椀へ盛ったものかね」、少女（変な顔して）「イヘイヘめっそうな」、万松「そして何だね」、少女「わん盛りでござります」、手長「椀盛りとはァ何かしる、このことかへ」。少女（まごまごしていると）、奥より女房と見えて、年配の女かけ出で、「イへイへ、くわしわんは、かまぼこ、椎茸、鯛の切り身などを入れましたつゆものでござります。御江戸で申す太平種でござりますわいな」、万松「へへわかりやした」。

六　料理の世界

魚市と魚屋

日本橋の魚市では、日本橋本舟町横店の魚屋一二四人が、明和元年（一七六四）十一月に「板舟一枚の場所、四尺五寸宛に定め、庭銭四尺五寸では一か月銀十三匁五分と定め、あるいは、一人、あるいは二人でも幅四尺五寸で、銀十三両五分の割で店々に庭銭を納める」ようになった（『日本橋魚市場沿革紀要』）。板舟とは店の前に魚を並べて売る板である。

文化二年（一八〇五）制作の『熈代勝覧（きだいしょうらん）』はベルリン国立アジア美術館蔵で、縦が四

三・七センチ、横が一二メートル三二・二センチの長大な絵巻で、神田の今川橋から日本橋川に架かる日本橋までの南北約七町（七六四メートル）の通町を俯瞰し描いている。

図は室町一丁目から日本橋の河岸の魚市場に続いて並ぶ乾物屋の叶屋、酒問屋の亀田屋、八百屋の八百屋であり、その前には道に向けて

『熈代勝覧』（ベルリン国立アジア美術館蔵、小澤弘他著『『熈代勝覧』の日本橋』（小学館、2006年）より。以下同）

魚と青菜の立売がいる。叶屋の店には干した魚が吊るされ、酒問屋は、暖簾に「亀田屋」「かめたや」とあって、大きな酒桶が三つ、近くにはとっくりと猪口、つまみの魚の干物が置かれている。八百屋は暖簾に「八百屋」とあって、多くの野菜が店先に並べられている。

日本橋近くの神田には青物市があるので、

青菜の立売も多く見える。その菜を使った菜汁には「わり菜」「干菜汁」「ねぶか汁」「菊汁」「蓬汁」「蓬汁」「はこべ汁」などがあり、このうち「わり菜」については、『料理物語』が「蕪とともにわり付け、一束に切たる事なり。中味噌にだし加ふ」と作り方を記す。「干菜汁」は「中味噌にだしを加へ、黒豆、大豆、小鳥などたたき入れ、里芋入るよし」とあり、「蓬汁」は味噌に出しを加え、蓬をざくざくに切り、塩を少し入れ、揉み洗って入れ、また湯がいてもよく、豆腐など細に切りいれ、これも味噌にて仕立てる、と記す。

『熈代勝覧』には味噌問屋の太田屋、菓子屋の常陸屋、居酒屋も描かれており、太田屋は屋根の上に味噌甕を置き、表の大看板には「上赤味噌大安売　大田屋」と大書していて、店の中では味噌桶三つあって、帳簿がめくられているのは、大はやりなのであろう。菓子屋の常陸屋は、江戸城での「嘉定の儀」において献上品を作っており、武家の贈答に使われる高級菓子を販売していた。居酒屋は通本町の番屋近くにあって男が独り酒を飲んでいる。屋号がなくあるいは飯屋かもしれない。

文化十年（一八一三）三月二十八日の『懐宝便覧』は、雑菓子、汁子団子、水菓子、菜飯、料理茶屋、奈良茶、酢、茶漬、麦飯、煎餅、漬物などの食類の商人を記している。

『石城日記』（慶應義塾図書館蔵、大岡敏昭『幕末下級武士の絵日記』（相模書房、2007年）より。以下同））

尾崎石城は、松平下総守に仕えた忍（おし）藩の下級武士で、画人でもあったことから、その記す『石城日記』には、多くの食事に関する絵が描かれている、文久元年（一八六〇）十二月十六日には自宅での食事の図があり、鮒の煮つけを主材に一家が食事をとっている。各人の前には膳が置かれ、右手に給仕のための飯桶があり、近くの火鉢には薬缶が置かれているなど、質素な食事風景である。

天保十三年（一八四二）、魚市場で鮮魚の売買をめぐって騒ぎがおき、同年二月晦日には、豆腐の相場を無視し、豆腐屋が勝手に大きさを変え、実質的な値上げを行なったため、幕府が調査もしくは抑制に動いた。

嘉永六年（一八五三）に幕末の風俗を絵入りで描く喜多川守貞の『守貞謾稿』は、菓子屋・味噌屋をはじめ、椎茸や茸・干瓢・大豆・ヒジキ・ゼンマイ・刻海布・昆布・田作・干鱈などを扱う乾物屋、生鮑・するめ・刻するめ・焼豆腐・蒟蒻・くわい・蓮根・牛蒡・刻牛蒡等を扱う菜屋、下り酒の小売の升酒屋、京都の二軒茶屋を模した豆腐田楽を扱う祇園田楽、鰻蒲焼・一皿二〇〇文、有名店十三ある鰻屋、鰌（どじょう）汁・鯨汁・鰌鍋・鯰鍋・穴子鍋の鰌屋などについて記している。

米屋と寿司屋

天明七年（一七八七）五月二十日、「日暮れ前に赤坂米屋ども打ちこし申し候所、弐十軒ばかり、それより糀町残らず十四五軒ばかり、それより廿一日の未刻より南伝馬町二丁目万屋作兵衛と申す米屋打ちこぼし、近所三件打こぼし、夜にいりては本船町白子や仁兵衛殿はじめ、四拾四五軒こぼし」等々の打ちこわしがあった（『武江年表』）。この時の米屋は打ちこわしで「被害八千軒」もあったという。江戸に米屋が随分増えていたことがわかる。
享和年間の『武江年表』は、米を素材にした鮨を売る寿司屋について、「酢はおまん鮨、毛抜きずしなどよかりしも、古風なりしは、深川の竹松の酢師より変じたり。てんぷらに初鰹まで用ひしは、木原店の吉兵衛より始まる」と記しており、この頃から寿司屋が増えていた。

『熙代勝覧』「玉鮓」

『熙代勝覧』「蒲鉾屋」

『熙代勝覧』には寿司屋の「玉鮓」が描かれている、「すしや　庄兵衛」と書かれ、屋台から店を構えるようになった翁屋庄兵衛の「玉鮨」で、暖簾の商標は縁起ものの宝珠が描かれ、店には俎板と重箱が置かれている。文政七年（一八二四）に大坂の芳山堂が出版した『江戸買

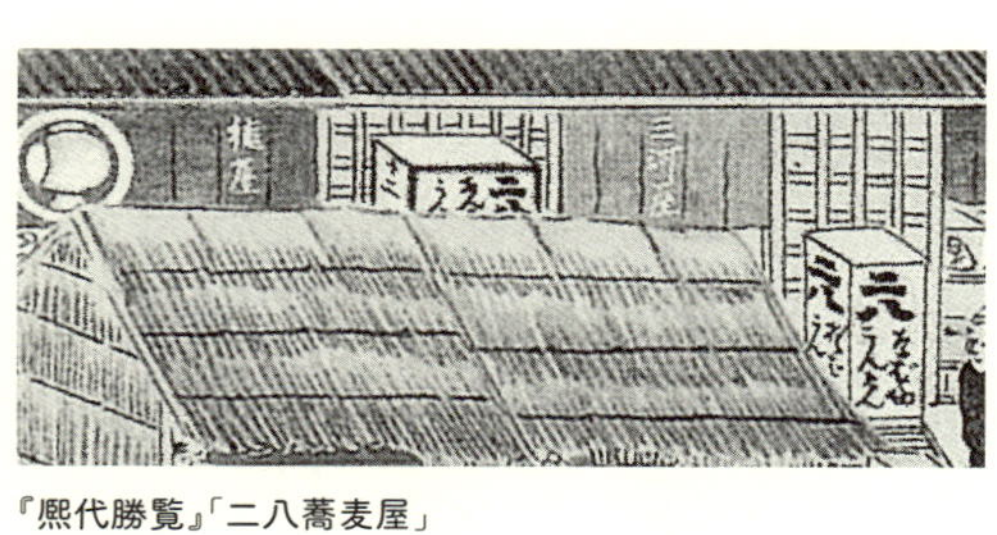

『熙代勝覧』「二八蕎麦屋」

い物独り案内』にはこの玉鮨が見える。

小田原町近くには蒲鉾屋がある。暖簾に「かまぼこ」とあって、店の中では今まさに蒲鉾の製造中である。文化末年頃の『続飛鳥川』には「日本橋笹巻すし」「五節句には牛蒡や人参を煮て食酢芝居弁当」「日本橋に一二軒なりしが一・二軒増えた蒲鉾屋」と記されている。本石町には二八蕎麦屋が描かれている。もとは屋台の二八蕎麦、名前の由来は二八から十六文である。

文化十年（一八一三）三月二十八日の『懐宝便覧』は、煮売肴、同居酒、飴、鱧、餅菓子、揚物、蒲鉾、蕎麦、煮豆、焼玉子の食類商人を記している。

文化年間に鍬形蕙斎が著した『近世職人尽絵詞』には一〇〇を越える職種の職人の姿や風俗を描いており、掲げるのは蒲鉾を製造している風景で、大魚を切り、開き、煮ている様子を活写している。

文政六年（一八二三）の岡田助方の『羽沢随筆』は「都下に食類を商ふる店の多き事、僅に二、三十年以来也」「今は鰻売る店よりも鮓商ふ店多からむと思はる」「世の驕者につきて、辺鄙までも食物売る店あり」と記す。

『近世職人尽絵詞』（東京国立博物館蔵、出典：Colbase）

『守貞謾稿』は、鮓屋・蒲焼屋・天婦羅・鰹節屋のほか、鰹・鮪の刺身、鰹鮪の刺身、枯魚・鮪の刺身・枯魚（干魚）・鮮魚を扱う刺身屋、枯魚・鮮魚を売る刺し身屋を記し、大名への献上物で不要なもの扱う献残屋が、熨斗鮑・枯魚・干貝・塩鳥・昆布・葛粉・片栗粉・水飴・きんこ・

『石城日記』（慶應義塾図書館蔵）

クルミ・唐墨・このわた・雲丹などを売るのを記している。

尾崎石城の『石城日記』文久二年（一八六二）二月十一日条には、奥山宅で「主人また酒を暖めて出す。予も心欲して酌、むきみ・三つ葉の羹・菜ひたし・豆腐汁・塩辛など興じたる」と見え、その少し前の正月十三日には、絵入りで、青山宅で雉子鳩・三つ葉・吸い物・煮魚・鶏牛蒡入り付け、葉玉子とじ、湯豆腐、稲荷ずし、すしを食べている。

図はその食事風景で、料理が並ぶ膳の手前に石城がおり、その向こうに主人の青山が立ち、左に主人の母が座り、主人の室が赤子をおんぶし、手に鍋をもっている。右端はすし売りが箱に鮨をつめてもってきている。

料理屋の広がり

大田南畝は安永八年（一七七九）に高田馬場の茶屋「信濃屋」で七十名余りを集めた観月会を催した。松平定信は、天明七年（一七八七）に料理茶屋や茶店での売春を禁じ、寛政元年（一七八九）に奢侈品の製造と仕入れた奢侈品は、次年以降の売買を禁じ、十月には隅田川河口の中州に多くあった茶屋を撤去させている。

寛政十年（一七九八）八月の『観音境内諸堂末社幷諸見世小屋掛絵図』の改正版が描かれ、浅草寺境内には、茶屋が九十六軒、菜飯茶屋・団子茶屋が各四軒、甘酒茶屋が一軒など二七四もの境内見世・小屋があった。『武江年表』に、享和年間に山谷町八百屋善四郎(ぜんしろう)が料理を行ない、深川土橋平清、下谷龍泉寺の駐春亭、文化年中に盛んになったという。

日本橋界隈に高級料理店はなかったのであろうか。『熈代勝覧』には本白銀屋町辺りに仕出し屋、茶漬屋が見えるのみで、「大平、吸物、いろいろ」を仕出し、店の中は見えない。

『熈代勝覧』「仕出屋」

『続飛鳥川』は、日本橋の笹巻鮨、小石川諏訪町くわなや鮨、淡雪納豆（日野屋・明石屋・亀屋・壺屋）・上蕎麦切（麹町瓢箪屋）料理「山藤・百川」・金つば焼（糀町三丁目谷米屋）、大摘み入れの汁（筋違外大丸より始まる）などの料理茶屋を記す。

文政年間には江戸各地に高級料亭があって、浅草周辺に田川屋、播磨屋、八百膳、平岩、大七、武蔵屋、小倉庵、柳屋、不忍池辺に蓬莱屋、両国に柳屋、万八、青柳、深川に平清、武蔵屋がある。このうち山谷の八百膳の栗山善四郎は、文人墨客との交流深く、大田南畝は「芸者小万、料理八百膳」といい、文政五年（一八二二）刊行の『江戸料理通』は江戸土産として人気を博したという。その八百膳を描くのが広重の『江戸高名会亭尽』で、図はその座敷で、文人墨客を迎える雰囲気に満ちている。

八百善の会席料理の一例をあげると、本膳は平皿に甘鯛と鶏肉、松茸、くわい、芹を取り合わせてだし、向付の器には鮃、烏賊の刺身に独活、岩茸、青海苔、生姜を添えて盛ってある。吸物は鱚の摘み入れ汁、香の物は押し瓜、茄子奈良漬けと、しん大根である。二

『江戸高名会亭尽』「山谷　八百善」（提供：The Metropolitan Museum of Art）

の膳の猪口の椀には、つくしと嫁菜の浸し物があり、箸休めを入れる壺には赤貝の柔らか煮、焼き栗と煮唐辛子であり、飯と香の物は最後に出された。

両国柳橋の河内屋は文人の書画会が催された高級料亭で、図はその座敷で書画会を行なっているもので、終えた後に手前で食事をとるのであろう。目の前の隅田川では白帆を掛けた船が往き来している。文久三年（一八六三）の人気の料理屋番付によれば、八百膳は「平清」「島村」と並んで別格扱い、河内屋は西の前頭である。

滝沢馬琴の古希の賀会が天保七年（一八三六）八月、柳橋万八楼（まんぱちろう）で催され、それに

『江戸高名会亭尽』「両国柳橋　河内屋」（提供：The Metropolitan Museum of Art）

は「画工　本画」の谷文晁・渡辺崋山、「浮世画工」の歌川国貞・広重らの名がある。このうち国貞は役者絵や美人画を得意とし、柳亭種彦の『偽紫田舎源氏』に挿絵を提供した。この万八楼も広重が「柳橋　夜半　万八」として描いている。「狂句合　万八の二階、夏とはうそのやう」とあって、柳橋の彼方に万八楼の二階の座敷に人影があり、夏とはいえ涼しげな風景である。

　さらに広重は、雑司ヶ谷境内の鬼子母神前の茗荷屋も描いている。この地にはかつて茶屋があって、その遺跡が発掘されていたが、その後身であろう。文政七年（一八二四）の「江戸買物独案内」に「雑司ヶ谷茗荷屋冲右

『江戸高名会亭尽』「雑司ヶ谷の図　茗荷屋」（提供：The Metropolitan Museum of Art）

衛門」として登場、図は女性たちが料理屋の中に入ってゆく風景である。

嘉永六年（一八五三）六月二十四日、料理茶屋河内屋で開かれた梅屋鶴寿主催の書画会で、歌川国芳（くによし）が三十畳敷の大紙に『九紋龍史進憤怒の図』を自らの着物を墨に浸して描き、同年七月、大判二枚続『浮世又平名画奇特』では、時勢を風刺したとして咎めを受けた。

それには、十二の大碗の中国風の卓袱料理屋、茶飯・豆腐汁・煮染・奈良茶の煮豆を出す茶漬屋、霰・天婦羅・花巻・しっぽく・玉子とじ・鴨南蛮・親子南蛮を出す饂飩蕎麦屋、味噌吸物・口取肴・二つ物・刺身・すまし吸物・茶碗物・一汁一菜の飯の会席石料理を出す料理茶屋、鰻の蒲焼のみを出す鰻屋、鰻丼飯を出す鰻飯屋、鮨汁・鯨汁・鮨鍋・鮀鍋・穴子鍋を出す鮨屋、獣肉料理の山鯨屋、鶏（しゃも）を葱鍋で煮て出す鶏や、二食を台所で供す旅籠屋、川魚・海魚を出す生洲屋、そして天婦羅屋がある。

屋台と振売り

万治元年（一六五八）に問屋仕入れの小間物・油・木綿・布・蚊帳・紙・煎じ茶など日用品を売り歩く人の調査が行われ、それをもとに翌年に諸商売の鑑札制度が拡大した。鑑札の必要な商売として魚・味噌・酢醤油・豆腐・蒟蒻・ところてん・餅など、必要とない鰹節や串海鼠・串鮑・塩引鮭などを定めたもので、肴売や菓子売など振売物十六種については年齢制限（五十歳以上、十五歳以下）付きで許可をしている。

『熈代勝覧』は、菓子売り、屋台の茶店、屋台の酢売り、魚売り、金山寺味噌売り、菜売りを描いている。『続飛鳥川』は、野老（ところ）売・水飴売・桜飴売・柏餅・胡椒売（砂糖・干生姜・胡桃）・さし鯖売・かぼちゃ売・唐辛子の粉、目黒の犬の餅（粟餅の一種）・蒲焼・甘干柿・小鮒・鼈甲飴売・煎餅・売酒屋・茶屋をめぐる歌比丘尼・ほうじ茶・駄菓子・板おこし・達磨糖・栗焼・肉桂糖・大ころばし（丸い棒状の飴や餅）・焼餅・オランダの福輪糖（煎餅のように熱くこしらえ芥子を入れて焼く）・飴売・土平餅、夜蕎麦・納豆・甘酒・赤大根・穴子蒲焼・白玉・大福もち・つけあげ・お茶漬を記す。

『熈代勝覧』「菓子売り」

『熈代勝覧』「飯屋」

天保四年（一八三三）の畑銀鶏の『日ごとの心得』は、飢饉への備えを説いた救荒書で、「食を減じて腹減らぬ心得」など十四項目の心得を記し、そのなかで江戸の庶民の食事風景を描いている。夫婦と子二人が膳を前に食事をとっているが、汁はなく、膳にあるのは、屋台や振売りか

『熙代勝覧』「屋台の茶店」

『熙代勝覧』「金山寺味噌売り」

ら買ったものと見られる。

古来、中秋の名月の後の二十六日の月は特別で、月の光は三つに分かれ、それぞれ阿弥陀・観音・勢至が現れるという信仰があり、信仰に篤い人は高い場所や海辺などで月の出るのを待つことから、それをあてこんで屋台や店が出るようになり、深川の洲崎、湯島天神、九段坂などはその名所だった。なかでも高輪から品川にかけての海岸は賑やかで、図は広重の『東都名所高輪廿六夜 待遊興之図』の寿司屋と天ぷらの屋台の図である。

『日ごとの心得』(国立国会図書館蔵)

『東都名所高輪廿六夜 待遊興之図』(神奈川県立歴史博物館蔵)

『守貞謾稿』巻六
（国立国会図書館蔵）

『守貞謾稿』は、振売について「三都ともに、小民の生業に賈物を担い、或は負いて、市街を呼び廻る者、甚だ多し」と記し、約五十種類の商売をあげている。その若干を記すと、鮮魚売（本材木町に新魚場がある）・枯魚（日本橋南辺四日市に魚市がある）・白魚売（隅田川の名物）・蔬菜売（神田連雀町・本所花町・千住・品川に市場があり、百姓にも売る）・白玉売・蒲焼・鰻蒲焼売・揚昆布売・納豆売・浜名納豆売・酢売・麴売・乾海苔売・餅細工・新粉売・飴売、甘酒売・白酒売。ところてん売・塩辛売・蕎麦屋・汁粉売・豆腐売・茶販売・

稲荷鮓売などをあげ、そのうちの野菜売・初鰹売・飴売屋の絵を載せる。

『江戸名所図会』が描く茶店

『江戸名所図会』は、斎藤幸雄・幸孝・幸成の父子三代にわたって編まれた江戸の地誌で、挿絵を長谷川雪旦（せったん）が描き、天保五年（一八三四）から刊行が始まった。江戸城を中心に七つの地域に分けて記すも、実際には江戸をはるかに越えた範囲に及んでいる。

全七巻のうちの巻一は、東海道の起点である日本橋。高札がかかり、魚市があると記す。魚河岸は慶長期に森九右衛門が日本橋本小田原町と本船町の河岸に売り場を開き、元和二年（一六一八）に大和屋助五郎が市場を許可された。高札場は日本橋・常盤橋・筋違橋・浅草橋・半像門・札の辻（芝車町）の六か所に設けられ、これらは大高札場と称された。絵は、日本橋魚市について全景を描く。

河岸に着いた船からもたらされた魚の多くが樽桶に入れられており、板橋からも魚が持ち込まれ、通りに面した魚店では店先の棚に大量の肴を並べられ、桶に入ったものもある。

『江戸名所図会』「日本橋　魚市」（国立国会図書館蔵）

取引された魚は、あるいは天秤棒で両端の桶で運ばれ、あるいは男二人が大きな魚を天秤棒で吊るし運ぶなどしており、手間前の店先では大魚が地面や板舟に並べられている。

巻二は、日本橋より二里の、町を南北と分かち、旅舎数百戸軒端を連ね、常に賑わい、往来の旅客絶えない品川の、浅草海苔について語る。「大森・品川等の海に産せり。これを浅草海苔と称するは、往古かしこの海に産せしゆゑにその旧跡を失はずして、かくは呼び来たれり。秋の彼岸に粗朶（そだ）を建て、春の彼岸に止まるのを定規とす。寒中に採るものを絶品とし、一年の間、囲

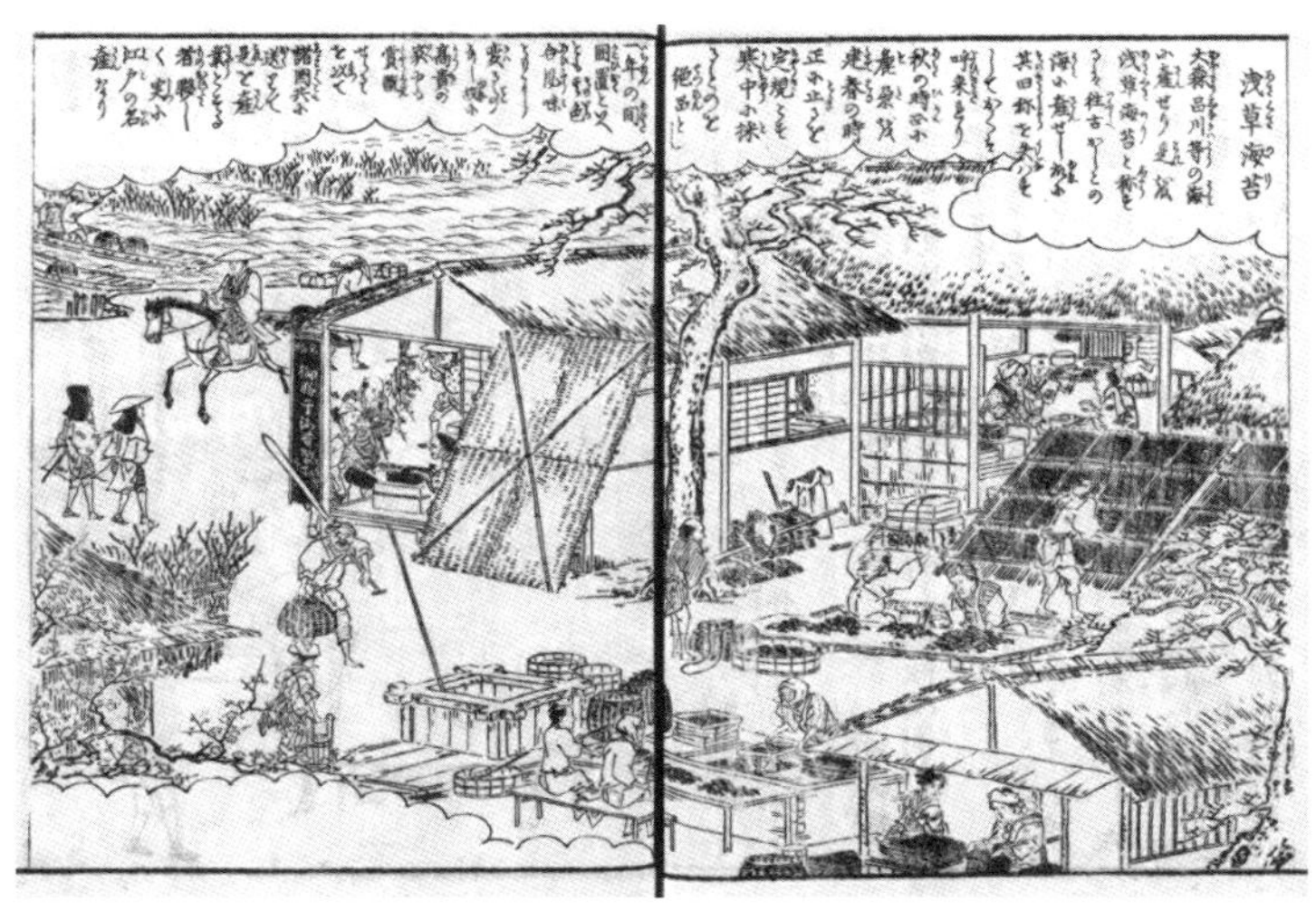

『江戸名所図会』「浅草　海苔」（国立国会図書館蔵）

い置くと雖も、その色合ひ風味ともに変はることなくし。故に高貴の家にも賞玩せらるるをもって、諸国主に送りてこれを産業とする者おびただしく、実に江戸の名産なり」と記す。絵は粗朶（そだ）に浅草海苔を干し、奥では海苔農家の夫婦が食事をとっている。

六郷渡し口より「向かうの方にあり、東海道の官駅の一つにして、行程品川より二里半、駅舎数百軒整々として両側に連なる」ところの川崎宿には、「河崎万年屋奈良茶飯」がある。奈良茶飯とは、少量の米に勝栗や大豆、小豆、栗などの保存の利く野菜を加え、塩や醤油で味付けした煎じ茶やほうじ茶で炊く炊き込みご飯で、時に蜆

『江戸名所図会』「川崎万年屋」（国立国会図書館蔵）

汁がついた。南都奈良で食べられていたことから、この名がついた。

『東海道膝栗毛』には「六郷の渡しを越えて万年屋にて仕度せんと腰をかける」と、喜多八が万年屋の女の尻を見てブツブツ言うので、弥次さんが、「コウ無駄をいはずと、早く喰うはっし。飯がさめらァ」、これに喜多八が「をや、いつの間にか、持ってきた、どれどれ」と、奈良茶を全部食べてしまった、とある。

図は店先に「万年」、二階にも「万年」とあって、台所では忙しく奈良茶が用意され、客室では数人が輪になって食事をとっている。

『江戸名所図会』「生麦村　志からき茶店」（国立国会図書館蔵）

河崎と神奈川の間の宿にある生麦村の信楽茶店は、「この地、信楽といへる水茶屋は享保年間、店を開きしより梅干しをひさぎ、梅漬けの生姜を商ふ。往来の人ここに憩はざるものなく、今日の繁昌なのめならず」と記され、図は、道中籠が到着して、客が床几に座って注文、それを聞く茶店の女は帳簿に記している、奥には「永代講中」等の札が多く垂れ下がっており、多数の講中の人が休憩する店であったことがわかる。ただ『東海道膝栗毛』の弥次・喜多さんは滞在せずに京都へと向かう。

尾張の宮の宿から、名古屋・岐阜を経

『木曽街道六十九次』「下諏訪」（Wikimedia Commons）

て木曾街道を信州の下諏訪の旅籠風景を広重が『木曾街道六十九次』「下諏訪」で描いている。縁側に面した部屋では六人の男が高足膳で質素な食事をとっており、手拭いが壁にかかっているのは、入浴後のことであろう。

京都の料理屋の広がり

天保二年（一八三一）出版の『商人買物案内』飲食の部には、川魚料理、湯豆腐屋、即席料理など数多くの店が掲げられている。高瀬川の辺りには生洲料理の「いけ吉」「長洲」「大儀」「田宗」「柏宗」があり、即席料理では「鳥羽屋兵助」「えびや」「ひしや」「丸中

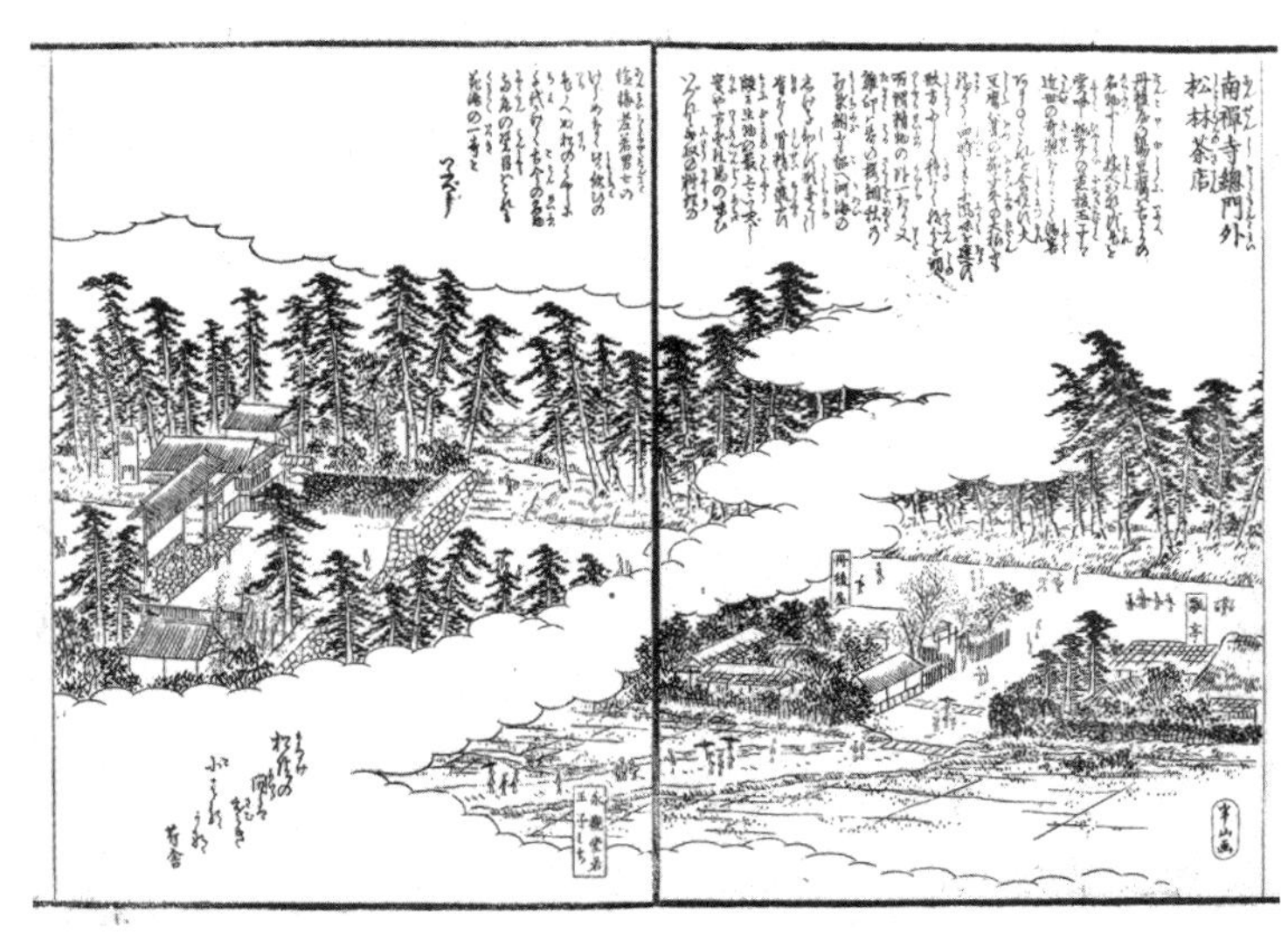

『花洛名所図会』「南禅寺総門外　松林茶店」（国際日本文化研究センター）

屋」「福山」等が下京に見え、客の前で料理をしてみせる割烹が始まっていた。

南禅寺門前には湯豆腐の「奥の丹後屋治兵衛」がある。寺の表参道には番所が設けられ、道路掃除に従事していたが、寺の経済が困窮するなか、番所だけでは生活できなくなり、豆腐の煮売を始めるようになった。十八世紀末には豆腐の店が四軒あり、天保年間に高橋嘉兵衛はその隣りに料理店「瓢亭」を開いた。

『花洛名所図会』はその様子を、「丹後屋の湯豆腐は古よりの名物にして、

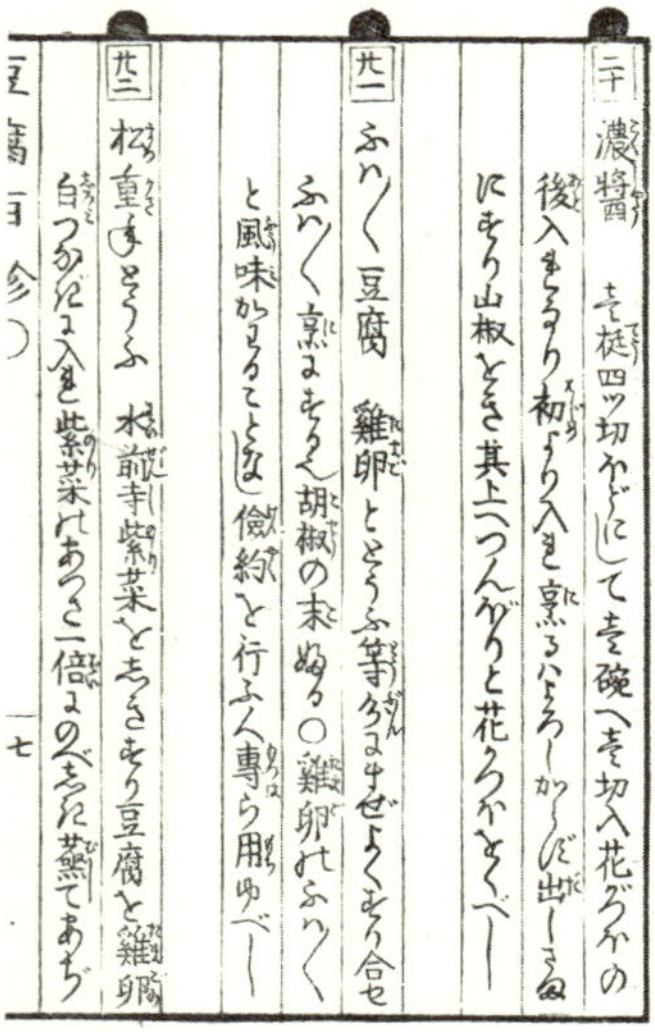

『豆腐百珍』「ふわふわ豆腐」など
（国立国会図書館蔵）

旅人必ずこれを賞味し、瓢亭の煮抜卵は近世の奇製なりと、酒客あまねくこれを食悦す」と記し、形が方形で、半熟の黄身の美しさ、濃厚な味わい、これが固く茹でられた姿の美しさを「近世の奇製」と表現した。図は並んで立つたつ瓢亭と丹後屋である。

『豆腐百珍』は、三百種類もの豆腐料理法を記し、百種類のレシピを載せている。冷奴・焼き豆腐・油揚げ・豆腐田楽などを始めとして、「ふわふわ豆腐」は、擂った豆腐にとき卵をあわせ、煮たてただし汁に流し入れる。「雷豆腐」は、崩した豆腐に醤油、葱、大根おろしを加え、油を引いた鍋で炒める、「玲瓏豆腐」は、豆腐を寒天で包んで冷やし、練り辛子と酢醤油で食べる、といった具合につくり方を記す。

『花洛名所図会』は、「いろいろの花染着てぞゆく、春は東の都大路を　井のそばに打ち

『花洛名所図会』「一力座敷」（国際日本文化研究センター）

水清し、夕涼み」と記し、「世に一力」「座敷、庭前、美観を尽せり」という万春楼について「一刻千金是れ真、満楼花影月銀の如し、無為両々掾燭を難じて照らし尽くす青楼綺席の春」と記して、その二階建の座敷と、南側の座敷を描いている。

店で客をとらずに、客からの注文を受けて料理を食事の場に届ける仕出し料理屋もあった。たとえば、茶の湯の家元で行なわれる茶事の懐石を一切ひきうける仕出し料理屋には、表千家出入りの柿伝や裏千家出入りの辻留があり、家元ばかりでなく茶人の好みや年

「浪花名所図会　雑喉場魚市の図」（国立国会図書館蔵）

中行事に仕出し料理屋が応じた。

一般の商家でも、自宅で事あるごとにもてなしの料理を仕出し屋からとる家があって、その需要に応える仕出し屋が町中には、二、三町毎に一軒といわれるほどたくさんあった。こうした仕出し料理に対応するのが配膳という仕事で、できあがった料理を家の人にかわって座敷に運び、客にサービスをするようになった。

鰻料理店には「みの屋彦兵衛」「丸中屋」「みの与」「八わはや与八」などがあり、滝沢馬琴は、鰻鱧、あらひ鯉が京の名物と言うが、魚類は若狭から来る塩小鯛、塩鮑、近江からもってくる鯉鮒、大坂より来る魚類であり、夏は多く腐敗し、鰻鱧は若狭よりくる物が多いが、油強く江戸前には劣る。鮎は賀茂川でとるものは痩せて骨がこわいが、鯰（なまず）はよい。若狭の焼き鮎はよい、などと酷評している。口にあわなかったのだろう。

広重の「浪花名所図会　雑喉場魚市の図」は大坂の魚市を描く、堂島の米、天満の青物と並ぶ三大市場の一つ、瀬戸内海の魚が取引され、十七世紀末の年間売り上げは、銀で年間千五百から二千貫にまで及び、大坂の人々の食を満たした。

郷土料理

文政年間に栗原柳庵（りゅうあん）が著した『文政年間漫録』によれば、長屋に暮らす大工には妻と小児がおり、大工は職人の中では最も高い日当、五四〇文を稼ぐものの、雨が降って働けない日もあるので、平均して一日を四五〇文で暮らすことになる。その中から米一升を九十文、野菜や魚、味噌、醬油を一〇〇文で暮らすことになる。そうした職人の長屋の図が『日用（ひよう）助食竈の賑（にぎわい）』に描かれている。

『日用助食竈の賑』（国立国会図書館蔵）

その東京の郷土料理は「深川飯」である。深川一帯の漁師が考案したもので、むき身もアサリ、ネギ、油揚げ、豆腐を入れて煮込みこれを焚きたてのご飯にかけて食べる。

博多を代表するのは「がめ煮」（筑前煮）で、鍋に水、砂糖・醤油を入れて煮立ててから骨付きの鶏肉を入れた後、食べやすい大きさに切った野菜やコンニャクを入れて煮込む。野菜はダイコン、ニンジン、ゴボウ、レンコン、タケノコなどを使う。最後にさやえんどうなど青みの野菜を加えて煮あげる。「がめ煮」の由来は、黒田藩が戦陣でありあわせの材料を「がめ繰り込んで」煮込んだことにあるという。

高知では「皿鉢料理」がある。直径三〇センチ以上の有田焼・九谷焼の「大皿」（皿鉢）に海の幸と山の幸を刺身や組み物、すしなどにして豪快に盛り込み、各自が取り分けて食べる。皿鉢の語源は「砂鉢」といわれ、延宝二年（一六七四）の土佐藩の掟書に見える。魚は季節によって異なるが、主としてカツオ、ブリなどが使われる。

岡山の「ばらずし」は、岡山ずし、岡山祭ずし、岡山ちらしずし等といわれ、岡山藩主池田光政が鳥取から岡山に移ってきた時に、倹約令をだした際、そのなかで春秋の祭礼の時には、客のもてなしは、すしと甘酒とし、一汁一菜にするべしと命じたことから、当初は残り物材料でつくる「ちらしずし」のような祭寿司が考えられたが、その後、具材が贅沢な物へと変わってきた。

金沢の「じぶ煮」は、加賀藩政期から毎日の惣菜、ハレの日の料理として、庶民が造りだした滋味豊かな料理で、四季折々の旬の食材を取り合わせ、じぶ椀と言われる浅い広口の独特の椀に盛りつける。冬には、豆腐・野菜・鴨肉が使われ、春には若鶏、野菜、夏は湯葉や野菜、秋は若鶏や松茸など秋の食材が使われ、出し汁は醤油・砂糖・酒など入れて

『経済をしへ草』(国立国会図書館蔵)

煮立て、小麦粉などでとろみをつけて熱いうちに、おろしわさびを加えて食べる。

越後長岡藩の武士の報告書『粒々辛苦録』によれば、農家では女が雑炊に入れる菜や大根を刻み、茹でてあくを抜き、稗・粟・麦の粉を石臼で挽き団子とする、鍋の周辺に小切大根を二升しき、ひえの粉とそばの芽や花を入れ、夕食にするという食事であったという。新潟県の郷土料理に「のっぺい汁」がある。

秋田の「きりたんぽ鍋」は、新米を固めに炊いて、少々の塩を混ぜて七分目位に潰し、秋田杉を串にし、これに竹輪のように巻き付け、こんがり焼く。これとゴボウ・コンニャク・ネギとともに、鶏がらスープ、醤油、みりんで調味した調味液で煮込む。鍋の味の決め手は比内鶏である。もともとは「またぎ」や「木こり」がわっぱに入った弁当飯をこね、棒の先につけ焼き、山鳥の汁に入れて食べたと言われ、花輪の領主が巡視に来た際、これを献上すると、稽古槍の「たんぽ」と名付けたことからその名が広まった。

高井蘭山（らんざん）は天保四年（一八三四）に『経済をしへ草』で農家の食事風景を描いている。蘭山は読本作者で、『星月夜顕晦録（ほしづきよけんかいろく）』などの著作がある。この図から江戸の庶民の食事は、主婦が食事の管理や分配を行なっていたことが読み取れる。

七　近代の料理

文明開化と琉球料理

文明開化の発祥の地である横浜では、文久年間に牛肉を使った牛鍋屋の営業が始まった。その文明開化の先駆けとなったペリー艦隊が来航した折、幕府の役人は、江戸の有名料亭、日本橋百川に注文した二汁五菜の料理でペリー提督らを接待した。嘉永七年（一八五四）二月十日の横浜応接所の献立が、瓦版「武州横浜於応接所饗応之図」に掲載されている。

鯛の尾頭付きの膳を含む足付膳がテーブルの上に置かれ、ペリーらは椅子で食事をし、給仕方は正座で、その前には大皿・丼などに大盛にされた酒肴の数々が用意された。この

北亜墨利加合衆國之都華盛頓府ゟ使船八艘
永七寅年正月十一日相州浦賀内武州本牧ニ来ル
二月十日於て應接有之御出役井戸對馬守様林大学頭様
横濱ニおゐて
相成三汁五菜之御料理
通弁官
アルヘイと
右御献立左之通り
一長熨斗敷紙三方 盃
一吸物 一干肴 一中皿肴
一猪口 一吸物 一さしみ
一硯蓋 一大平
一吸物 一鉢肴 一丼
本膳二汁五菜
一膾 一汁 一飯
一坪 一二之汁 一香物
一焼物 一吸物 一中皿
盃 銚子 湯次
右仕出し江戸浮世小路百川茂左衛門 金弐千両ニて仕差上ケ候以上

「武州横浜於応接所饗応之図」（神奈川県立博物館蔵、江原絢子他編『日本食物史』（吉川弘文館、2009年）より）

時の献立は、『藤岡屋日記』に、最初に長熨斗(ながのし)、盃、銚子、吸物、干肴、中皿肴が供され、次に吸物、刺し身(鮃(ひらめ)生作実、めじ大作り、鯛小川巻など)、硯蓋(紅袍輪(ほうりん)蒲鉾、伊達巻すい、鶏羽盛など)、猪口(土佐醤油、いり酒)、吸物(栄螺など)、丼(車えび、鶏卵、肉寄串子など)、大平(細川ニンジン、露山葵など)、鉢肴(鯛筏、友身二色むし、風干しごぼう等)、茶碗(鴨大身、竹の子など)と、酒と酒肴が供されたという。

この料理を百川茂右衛門は金二千両で作ったといわれるが、ペリーは料理が気にいらず、分量が驚くほど少なく、獣肉がなく粗末な材料ばかりだった、と『日本遠征日誌』に記している。ペリーは琉球を経て浦賀沖に来たのが、その琉球の料理は豚肉を中心に炒めものや揚げ物が多かったようだ。

豚肉料理では肉、足・血・内臓・耳等を余すことなく調理する、これは中華料理の影響によるものである。植物蛋白源の豆腐料理が多く、肉・揚げ豆腐・昆布・魚天婦羅などの重箱料理が基本で、昆布が多用されている。これは薩摩藩の支配下にあったことから、富山の薬売りが蝦夷地から入手した昆布を提供し、そのかわりに薩摩藩領内での薬販売が認められたもので、その提供した昆布が奄美、琉球にもたらされたからである。

奄美大島持饗宴と焼酎(『南島雑話』)

図は名越左源太の『南島雑話』に載る、奄美大島持饗宴と焼酎で、琉球的な衣服をまといながら宴会をおこなっている。

港と市街を開く開港場となった横浜は、居留地が整備され、居留民の職業は貿易商、小売商、食料品供給業のほか、宣教師・医師などで、なかでも最も多いのが食肉業者であった。高台の地に洋館が建てられ、道路、街灯、下水道が整備され、教会・公園・競馬場、屠牛場なども建設された。万延元年（一八六〇）には「横浜ホテル」

歌川芳員「横浜異人屋敷之図」(The Metropolitan Museum of Art蔵)

が開業した。

図は横浜異人館での食事風景で、大きなテーブルを囲んで食事を摂っており、隣りのキッチンでは調理がなされている。

慶応元年(一八六五)に神田に三河屋が創業された。その引札には肉四品、スープ、菓子付、一人前が二〇〇疋とあった。幕府は同年に横浜北方村に、同二年に武蔵の荏原郡に外国人のための食肉処理場を設けている。

イギリス公使パークスの要請に応え、築地ホテル館が建設されることになり、設計をアメリカ人のリチャード・ブリジェンヌが、清水組二代の清水嘉助が工事だけでなく経営を引き受け、慶応三年に建設に着手、一年後に軍艦操練所の跡地に建てられた。二階建

歌川芳藤「東京築地ホテル館之図」（印刷博物館蔵、江原絢子他編『日本食物史』吉川弘文館、2009年より）

ての本館と平屋からなり、百二室あって水洗トイレ付、ビリヤード室やバーを備え付けた大規模なホテルで、連日、見物客が押し寄せたという。図は築地ホテル館の外観である。

横浜の商人中川嘉兵衛は、横浜の処理場で仕入れた牛肉を高輪のイギリス公使館に納め、さらに荏原郡白金村に土地を借りて食肉処理場を開いた。慶応三年に高輪に日本人向けの牛肉店「中川屋」が開かれたが、客が少なく牛肉を岡持ちに入れて配達し、佃煮にしては近くの慶応義塾の学生たちに売り歩いたという。

明治維新とともに欧米の文明を積極的に吸収し、殖産興業、富国強兵の路線を歩み始めるなか、明治二年（一八六九）、木村安兵衛がオランダ人にパ

「御飯の支度」（横浜開港資料館編『［増補］彩色アルバム　明治の日本』有隣堂、2003年より）

ン製造を習い、パン屋文英堂を創業、パン酒酵母で発酵させ、小豆餡を芯に包んで焼いた「餡パン」を発売して大人気を博した。

同年には、官営の築地牛馬会社が設立され、牛の解体、牛肉の販売が始まる。上野に開業した「可否茶館」は、我が国最初の喫茶店で、コーヒー一杯五銭であったが、当時、盛りそばが一杯八厘だった。ビールの製造は、明治三年にアメリカ人のウイリアム・コープランドが横浜山手に開業したスプリングヴァレー・ブルワリーで始まる。

開港とともに多くの写真家が来日し、日本の風景を撮影しているが、その一つが、四人の女たちが、丹念に台所用品を集めて配置し、台所で調理している様子を撮影した写真である。すり鉢で粉をとぎ、俎板で菜を切り、釜で米を炊いている。

横浜開港資料館には、明治期の日本の風景を撮影した多くの写真が収蔵されている。果物屋、酒屋、魚屋等の食料品の販売の様子や、針仕事をしたり、洗濯をし、しわを延ばすために張り板を使う女性たちの様子なども多く残されている。掲げる写真は、四人の女性の食事風景である。

西洋料理

食生活では、欧米の肉料理を滋養ある進歩的なものとして受け入れた。欧米を視察した福沢諭吉は『西洋衣食住』を著し、西洋風に肉を多く食べる食事を摂れば、日本人の貧弱な体格が改良できると推奨したが、肉食は容易に普及しなかった。

明治四年（一八七一）、日本人の食生活を拘束してきた肉食禁止を解くべく、宮中で率先して肉食を解禁、天皇の食事に牛肉・羊肉を使い、在日高官を招いての天長節祝賀の晩餐

「御飯」（同前）

にはフランス料理を出すようになった。このことが新聞で報道されると、たちまちいくつかの府県で肉食奨励の布告が出された。

庶民は西洋料理には容易に手を出せず、安い牛鍋屋に出かけた。牛鍋は牛肉を葱と一緒に味噌で煮る和風味もあって抵抗は少なかった。その牛鍋屋を描くのが仮名書魯文（かながきろぶん）の『安愚楽鍋（あぐらなべ）』で、「牛店雑談（うしやぞうたん）」の角書があり、牛鍋屋であぐらをかき、牛鍋をつつきながら気楽なお喋りをかわす庶民の生活をスケッチしている。図は繁昌する牛鍋屋で、本を読みながら牛鍋を食べる書生を描いている。

明治五年に仮名書魯文は『西洋料理通』を著し、カレーライスの調理法について、葱、生姜、にんにくを刻み、バターでいため、鶏、海老、牡蠣等

仮名書魯文『安愚楽鍋』（国立国会図書館蔵）

を加えて煮、カレー粉と小麦粉を食わえてれさらに煮る、と記している。

西洋料理店は神田の三河屋、采女町の西洋軒、築地の精養軒・日新亭、南茅場町の海陽亭、麴町の四万軒、上野の精養軒、九段の南海亭などが開業し、横浜居留地にグランドホテル、神戸居留地に兵庫ホテル、さらに函館にも西洋料理を提供するホテルやレストランが相次いで開業、客は外国人、貿易商、軍人、高級官吏ばかりであった。米、魚、野菜、味噌、醤油に緑茶に慣らされてきた日本人の舌には、パン、牛乳、バター、コーヒーなどはなじみにくいもので、テーブルと椅子、ナイフとフォークも使いにくかった。

浅草で開陽亭を開いた大野谷蔵（たにぞう）は、店に食べに来た客が、使い慣れぬフォークとナイフで口の中を切り血だらけにし、スープ皿を手に持って味噌汁を飲むように飲むため、胸から膝に懸けて熱いスープを浴びてしまう珍事を毎日のように見たという。その西洋料理にとまどう書生を描くのが、『河鍋暁斎（ぎょうさい）戯画集』で、和服を着た書生がテーブルの上に所狭く並んでいるのに困惑している。それもあって、宮中では皇后や女官が築地精養軒の北村重威（しげたか）を呼び、西洋食事作法の稽古をしている。

『河鍋暁斎戯画集』（『ビジュアルワイド明治時代館』（小学館））

　明治の西洋料理店を記した『東京新繁盛記』は、牛肉・パン・カステラ・葡萄酒・ビールがあちこちで販売され、外国人ばかりでなく、役人・華族などの上流階層、農工商業者など様々な階層に西洋料理が求められたことから、料理店が繁盛した、と記し、そのメニューはコーヒー(滑皮)、汁(蘇伯)、油煎(細底幼)などと記していて、訳語に苦心した様がうかがえる。

学校教育・家庭料理

明治十年(一八七七)以降、女子師範学校の教科には家事と裁縫が加えられ、明治十三年に日本で最初の学校用割烹教科書『くりやのこころえ』が、石川県金沢で刊行された。石川県第一師範学校が教科書として編纂したもので、炊飯法・大根やなすなどの漬け方、酢や味噌、みりんなどの醸造法に始まって、牛乳や牛酪(バター)の臭みを消す方法、麦酒(ビール)の苦みを取り去る方法など、新しい食品の知識に至るまでの幅広い内容が盛り込まれている。図はそれにのる料理の仕方である。

『文部省年報』によれば、石川県女子師範学校は男子と同じ教則であったが、「容儀習礼」の一科が加えられ、「配膳方の事、本膳並二三膳置方、飯の継ぎ方、盃並銚子の扱方、

『くりやのこころえ』（国文学研究資料館蔵）

茶の出し方、菓子の出し方、飲食の次第、箸の取収め方並楊枝の遣様、膳降の時礼儀の心得、婚礼の次第、配膳、膳部方の事、献立荒増、庖厨の荒増」等が含まれた。

牛鍋屋は明治十年（一八七七）に五五八軒生まれ、なかでも繁盛したのが十四年に開業した牛鍋のチェーン店「いろは」で、店は二階の窓に西洋館を真似て赤青黄の色ガラスが市松模様にはめ込んであり、人目を集めた。創業者の木村荘平は二十人もの妾にいろは順に名を付けた支店の店長とし、フロックコート姿で人力車に乗っていたという。

「錦絵幕末明治の歴史」(国立国会図書館蔵)

図は「錦絵幕末明治の歴史」に載る東京銀座の牛肉店で、このような牛肉店から牛鍋店は食材を購入していた。

明治十四年に東京府知事主催の新年の宴会で、有栖川宮・岩倉具視・大隈重信・伊藤博文、米独仏露の公使に供された饗応食は、フランス料理のメニューで、二種類のスープに始まり、鯛料理、フォアグラ冷製、羊、牛肉の料理、雉子、山鴫の蒸焼などと種類が多く、デザートも数種あり、豪華であった。

明治十五年に日本橋の赤堀峯吉は、我が国最初の家庭婦人向けの料理教室「赤堀割烹教場」を開いた。割烹着はこの教場で考案されたものである。森鷗外は千駄木の自宅の観潮楼に友人や弟子を集め、ドイツから取り寄せたレクラム版の家庭全書をたよりに西洋料理を振る舞っている。こうして家庭料理が広がっ

『料理の技折』（国立国会図書館蔵）

てゆくなか、家庭向けの料理書が刊行され、明治三十八年以降、急激に増加、料理書の書名にも「家庭」「手軽」「簡易」「実用」「経済」などの用語が含まれるようになり、そのほとんどが専門料理人向けではなく、家庭内で取り仕切る主婦向けの料理書であった。図は家庭向け料理書に見る主婦と使用人である。

ビールと洋食

小規模なビール醸造所が次々と開業され、明治二十年頃までにはその数が一二〇社を越え、製造量は全部で一万石（一八〇〇キロリットル）に達しようかというところまできた。北沢楽天（らくてん）の描く風俗漫画（『世態人情風俗漫画集』）は、田舎から東京見物にやってきた杢兵衛（もくべい）と田吾作が、ビヤホールでビールを注文し、ビールが泡立っていることや、味が苦いことに面食らっている様子をユーモラスに描いている。

ビールとともにもの珍づらしいと思われ飲まれたワインは、製造が明治九年（一八七六）に山梨県の甲府勧業試験場で試験的に始まっていたが、本格的なワインは渋いもの、と嫌われ、砂糖を加えて甘味葡萄酒に加工する始末であった。

明治二十年代には、カレーライスが肉のほかにジャガイモ、たまねぎ、ニンジンをたっぷり加え、小麦粉でとろみをつけて米飯に掛け、福神漬けやラッキョウの甘酢漬けを添える日本人に馴染みやすいものとなった。福神漬けは明治十九年に東京上野の「酒悦」が売り出し、大根、なた豆、茄子、椎茸、蕪、独活、紫蘇の七種類を七福神に見立て、醬油とみりんでつけ込んだ。日本郵船の食堂でカレーライスに添えて出したのが最初であった。

明治二十二年にみかどホテルが、日本で初めて列車食堂営業を始め、三十四年には官設鉄道の新橋・神戸間に食堂車が連結され、西洋料理メニューによる営業が始まる。営業は指名入札の結果、精養軒が落札し、肉類一品十五銭、野菜類一品十二銭のアラカルトであった。駅弁は、明治十八年七月、上野・宇都宮間の開業で、宇都宮伝馬町の白木屋嘉平（かへい）が宿泊客であった日本鉄道株式会社の重役に勧められ、宇都宮駅で弁当、お茶の立ち売り

『世態人情風俗漫画集』（北沢楽天『楽天全集』第2巻、アトリエ社、1930年より）

料理茶屋　佐野屋『都の魁』（江原絢子他編『日本食物史』吉川弘文館、2009年より）

営業を開始した。

京都では、伝統的料理を提供する料理屋を石田有利の『都の魁』が紹介している。図はその一つ佐野屋で、二階建ての建物の部屋は宴会で賑わっている。

二十三年に大倉喜八郎が社長になって、会社組織では初めてのホテル「帝国ホテル」が開業した。「迎賓館ホテル」をめざしたもので、その設立にかかわった渋沢栄一の娘穂積歌子の日記によると、華族や夫と交際のあった学校関係者の夫人、客の招待などでしばしば利用した。客の接待には戸を塞いで出席、五時半頃に控室で話をした後、休息所で落語を聞き、十一時半頃に退出したという。帝国ホテルは上流階層の夫人の交流の場でもあった。

やがて西洋料理が和洋折衷型の「洋食」に形を変えて東京の中流家庭の食卓に入ってきた。御飯と一緒に食べられるように考案されたカツレツ、カレーライス、コロッケ、とんかつが町の洋食屋で人気を集めた。カレーライスは牛肉、ジャガイモ、にんじん、玉ねぎをカレー粉で煮込み、とろみをつけてご飯にかけるものへと変わった。図は、赤堀峯吉（みなきち）『欧米魚介新料理』に載る「新しい食品と家庭生活」である。

『欧米魚介新料理』「新しい食品と家庭生活」（江原絢子他編『日本食物史』吉川弘文館、2009年より）

中川愛水の『四季の台所』によれば、統計学者の柳沢保憲（やすのり）の朝食は、飯、汁物一種、菜（煮豆、佃煮、海苔、大根のふろふき、きんぴら牛蒡など）の一から三種の組み合わせで、和食献立が基本だが、毎朝、卵を食べるのが日課で、五分玉子、オムレツ、すり玉子巻、玉子の半熟、ゆで玉子に煮つけなどで食べ、さらにパンと牛乳の洋風朝食も一日あったという。

ティータイムにはクリームケーキやチョコレートケーキ、ビスケット、ワッフル等の洋菓子や、あべかわ・うぐひす餅、きんつば等の和菓子、釜揚げうどん、赤飯、雑煮などの軽食をとり、普段の家庭料理は、チキンライス、コロッケ、兎の炙り物、カツレツ、海老フライ、ライスカレー、ビフテキ、牛肉のフライ、スープ、シチューなどの洋食で、食後は林檎・蜜柑・いちご等の季節の果物をとり、週に一、二回は外で洋食を楽しんだ。

中流と下層の人々の食事

明治三十六年（一八九三）の堺利彦（としひこ）『家庭の新風味』は、食事時は、家族の会合の時であれば、家族の団欒が食事の時に実現されねばならぬ、食事は必ず家族全員が同じ時に同じ食卓を囲んでなされるべきであり、その食卓は円くても、四角くても、テーブルでも、ちゃぶ台でもよいから、ひとつの台でなくてはならない、従来の膳は廃止すべきで、女中にも家族と一緒に食事をさせるべし、と記し、ちゃぶ台で食べることが広がっていた。

翌年に白木屋が初めてのデパート食堂を仮設的に開設、明治四十年に三越も食堂を開設し、和食・寿司・西洋菓子・和菓子・コーヒー・紅茶などがメニューに並び、その後、大正十四年から子ども用の椅子が備えられ、その十年後には「お子様献立」としてお子様ランチ・オムレツ・チキンライス・ハヤシライス・お子様弁当・子どもパン・赤ちゃんのお菓子等がメニューになった。

京都の薬屋を営む大和屋中野忠八（ちゅうはち）の妻の万亀子（まきこ）の明治四十三年（一九一〇）の日記から見える外食の様子は、日本料理のみならず、東屋や五条倶楽部などの西洋料理を提供する料理屋で楽しみ、五月五日、東屋では「ソップ、エビのフライ、チキンチャップ、パンケーキ、紅茶」の食事であった。義妹の国子（くにこ）とは西洋料理のお稽古に通い、スープやシチュウー、カステラなどを習い、四月三日のひな祭では、白菜を使用してキャベツロールを作り、毎月第一土曜日には「ビーフの会」と称し、すき焼きを楽しんでいた。外食がそうであっても、日頃は、ありあわせの惣菜による「おばんざい」料理であった。

一方、東京下町の貧民窟の悲惨な食事の様子を、斎藤兼次郎（けんじろう）が『直言』で記している。

下谷区万年町に取材、食料といえば皆、残飯で、残飯も兵隊屋敷の残飯は万年町へは来ない。造兵の職工の飯屋、料理屋の残飯とかだが、これらは極めて上等な分であり、この事を「白」という。麦の入っていない故にかく名付けたのであろう。一升入り位の器に一杯が三銭である。この麦飯は実に監獄の囚人が食いあました南京米と麦との混合飯で、犬も食わないような食物なのだ、と記す。こうした下層民は残飯屋に頼っていた。図は松原岩三郎『最暗黒之東京』に載る「残飯屋の様子」で、下層民が残飯を

『最暗黒之東京』「残飯屋の様子」(江原絢子他編『日本食物史』吉川弘文館、2009年より)

手に入れるべく椀をさしだし、残飯屋が秤で計量している。

家庭での料理に多様性が生じるなか、料理雑誌が生まれた。先駆けは明治十九年(一

八八六）の月刊誌『庖丁塩梅』で、売捌き場所は東京、横浜、名古屋、大阪、長崎、京都、函館等全国に及んでいて、読者対象を「中流婦人」「割烹専業者」とし、発行人主催の料理研究会での料理の品評や料理に関する注意点、使用人への注意事項などをも記している。

遅れて明治三十八年に刊行された『月刊　食道楽』も中流以上の婦人を読者対象としており、その内容は東京や地方で開かれた「食道楽会」の活動報告や料理屋の紹介、料理に関する諸注意などで構成され、読者自ら率先して、食事の準備に関わるように説くとともに、新しい調理具や食材に関する情報を記している。

大正二年（一九一三）には、大日本料理研究会が中流階層向けに月刊誌『料理の友』を創刊、会員制で会員募集の欄には、家庭料理の改善のために実用的内容を提供する意図が見られ、旬の食材を考慮した、和洋折衷料理法を中心した料理法を紹介し、医学・農学・法学博士などによる食物の栄養、衛生、台所改善などの食教育に関する記事が見える。フライパンやテンピ、菓子型、ナイフ類などの調理道具類や食器類、バター、ラード、カレー粉、メリケン粉、ベーキングパウダー等の通信販売覧もあった。

大正六年には、『主婦の友』が発刊され、女子の初等・中等教育の普及による識字層の増大にともなって、創刊三年後には雑誌の発行部数が第一位を記録し、昭和初期には百数十万部を記録した。九年には講談社が『婦人倶楽部』を発刊、二つの雑誌は家庭内の管理を任された主婦に具体的方法を教授している。

郷土食

料理雑誌の全国的展開とともに、郷土食が見直されるようになった。奈良県には柿の葉寿司がある。紀州藩の漁師が近海で捕れた鯖の腹に塩を詰めて塩漬けにして、紀ノ川や熊野川を遡って大和に行商する際、塩気を和らげるために薄くそぎ切りにし、一緒に食べる方法を編み出したといわれる。醸造酢が普及したことから、酢につけた塩鯖を固めに炊き、握った酢飯に張り付け、柿の葉で巻き、一昼夜ほど重しをかける。

柿の葉は吉野や五条が産地であって、その「大和御所柿」の収穫を描くのが、『日本山海名物図会』巻の二である。柿の樹の上の上って収穫する様子が描かれている。

伝統野菜の群馬県の「下仁田葱」は、直径が六から九センチある極太で、これを用いて

「大和御所柿」（『日本山海名物図会』巻二、国立公文書館蔵）

の鶏肉の炒め煮は、葱を一センチ程度の斜め切りにし、鶏の股肉を一口大に切り、酒を振りかけておき、生姜は微塵切りにする。フライパンに鶏肉を入れ、弱火にかけ、肉から油が出れば、火をやや強め、焦げないよう完全に火を通す。火が通れば生姜と葱を入れて炒め、葱がしんなりすれば醤油・酒・みりんを入れ、煮からめる。器に盛り七味唐辛子をかける。

瀬戸内海では鯛が釣れ、兵庫県明石の鯛麺は、煮つけた鯛一尾を丸ごと茹でた素麺に載せた料理で、鯛は

兵庫の今在家浜の生洲(『摂津名所図会』、国立公文書館蔵)

揚げたものや、蒸したものなども使われ、明石鯛と播州素麺の取り合わであり、鯛は明石近海で水揚げして地場で料理し、兵庫の今在家浜の生洲で売られた。その生洲を描くのが、『摂津名所図会』であり、棚には大きな鯛が二尾並んで売られている。

栃木県の伝統野菜の「ゆうがお」は、その果肉を細長く切り、乾燥させたものが干瓢で、それと椎茸の含ませ煮は、水洗いした干瓢を塩磨きしてから、柔らかくなるまで茹で、水気をしっかり切り、食べやすい長さに切りだし、椎茸は水戻しして水気を絞り、石突を外す。鍋にだし汁・砂糖・醤油・みりんを少々入れ、干瓢・椎茸を入れ、火に掛け、沸騰すれば火を弱め、二、三分煮て火を止め、煮含ませる。器に盛り、ふりユズなどして食す。

愛媛県南予地方の「フカの湯ざらし」は、フカこと鮫、特にホシサメを使い、厚さ一センチ程に切り、湯通しし、冷やしてから、酢味噌や、みがらし味噌（粉辛子、麦みそ、酒、酢、砂糖を混ぜて作る）を付けて食べる。結びコンニャク、豆腐、季節の野菜を添える。

大阪の「ばってら」は、塩と酢でしめた鯖を酢飯に載せ、箱型の木わくで押しずしにしたもので、しめさばの上に「うすい白板昆布（朧昆布を削った残りの部分）を載せたものが多い。ばってらとは、形がボートに似ているので、ポルトガル語で小舟をさす「バッティラ」から名づけられたといわれる。この昆布には松前の昆布が使用され、『日本山海名物図会』巻四が、松前昆布を海上に浮かびあがったのを長柄の釜で船から切って取り上げ、人家の屋根に干す風景を描いている。

長野県の「小布施なす」はへただけでなく、枝にもとげのある野性味豊かで、通常の丸茄子より硬い。その茄子のクル身味噌田楽は、天地を切り、横半分に切って、金串などで茄子の実に穴をあけ、火が入りやすくし、フライパンに大目の油で焼き、両面にしっかり焼き色がつくまで焼く。赤田楽味噌によくすった胡桃を入れ、よくねりあげ、茄子にくる

「松前の昆布」(『日本山海名物図会』巻四、国立公文書館蔵)

み味噌を塗り、オーブンで焼き上げる。

秋田県湯沢市の「稲庭うどん」は、寛文以前に久保田藩の雄勝郡稲庭村小沢集落の佐藤市兵衛によってはじまるといわれ(『稲庭古今事蹟誌』)、棒状にした生地をさらに両方から何度もひきのばして細くしてゆく手延べうどんで、うどんとしては少し細めで平たいのが特徴、茹で上がりが早く、こしが強く、のど越しがよい。

戦時下の食事

近衛内閣は挙国一致の体制づくり、国民精神総動員運動をおこして国民に戦争協力をうながし、昭和十三年（一九三八）には国家総動員法を制定し、政府は議会の承認なしに、必要に応じて物資の統制を行い、労働者を一定の業務に強制的に従事（じゅうじ）させることができるようになり、国民生活を全面的に統制下においた。

物資の偏在と価格の高騰する状況から、切符制度を採りいれ、点数の範囲内で物資を購入するように定め、最初に切符制を取り入れたのは、十五年から始まる砂糖とマッチで、砂糖は家族十五人までは一人につき、〇・六斤（約三〇グラム）、次にパンが対象になり、妊産婦・幼児に一か月当たり一食（菓子パン三個）の配給となり、青果も配給となって一人当たり、六十〜七十五匁の分量が定められた。

配給制は隣組の輪番制によって支えられ、内務省は「部落会町内会等整備要綱」を作成し、全国都道府県につくらせた下部組織が部落会。町内会で、各十戸を単位に部落では「隣保班」、町内会では「隣組」と呼ばれた。図は切符制度の実施経過を表したもので、既にみた砂糖・マッチ・牛乳のほかに、木炭・男子小学生服、小学生用靴下、米、小麦粉、酒、ビール、ジャガイモ、卵、魚、さつまいも・お菓子、塩、醤油、味噌、衣料品など、日常生活のあらゆるものに切符制度は及んだ。

切符制度の実施経過(江原絢子他編『日本食物史』吉川弘文館、2009年より)

米不足を受けた政府は食料調査を行ない、岐阜県武儀郡下牧村蕨生村では、正月三日は茶の子(朝食)が雑煮、昼飯は少量の米、午後三時の「コビル」(小昼)に少量の米、夕飯は一合の米であり、一月から三月までは、朝食が一合強の米麦混合、粟黍混入の餅粥、昼飯が一合強の米麦混合、コビルが一合の米麦混合、又は甘藷・里芋、夕飯が一合強の米麦と麺類、雑炊などであって、三月から八月は、三月までのうちとくらべて、朝食に粟黍混入の餅粥つき、昼飯にトウモロコシがつき、コビルに甘藷・里芋がつかず、夕飯に雑炊がつかない。九月から十二月は、同じく三月とくらべて、朝食に甘藷・里芋・粥がつき、コビルに甘藷・里芋がつかず、夕飯はそばがつくというもので、これは農山村の食生活の実態であった。

出征する兵士のための「武運長久献立」は、吸物が弾丸鳥、三つ葉、椎茸で、刺し身が鯉のあらい、紅白のケン、酢味噌添え、口取がするめいか、勝栗塩茹、かずの子、中皿が赤飯、焼肴が頭つき月魚の塩焼き、煮物は煮しめ（里芋・蓮根・こんにゃく・人参・昆布など）、酢の物は魚肉・若布・ネギ・大根、独活（うど）のぬたであった。

昭和十九年（一九四四）に学童集団疎開が閣議決定され、疎開対象となった都市は東京都、川崎、横浜、横須賀、名古屋、大阪、尼崎の各都市と沖縄県で、東京師範学校男子部付属国民学校の疎開先は長野県下伊那郡上久堅村の興禅寺であり、図のように訓導・寮母とともに学童たちが机に向かい、丼に入った味噌汁だけの食事をしている。幾つかの疎開先の献立では、高粱の入ったカテ飯、味噌汁、漬物、昼食には一品程度のおかずが付き、夕食は雑炊、すいとんであった。

昭和二十年（一九四五）八月十五日、敗戦となり、学童たちは順次、実家に戻ってゆく。

学童集団疎開（江原絢子他編『日本食物史』吉川弘文館、2009年より）

家庭料理の現状

戦後の食糧事情の悪化を脱して、学校給食が広がった。高度経済成長を経て、フランスやイタリアで修業した料理人、中国から渡ってきた料理人、あるいは京料理など各地の郷土料理を調理する料理人が輩出、インスタント食品が生まれ、ファミリーレストランが進出、多くの料理研究家が登場し、テレビでの料理が放映されるようになった。デパートでは物産展が開かれ、「デパ地下」が繁盛するようになった。

そうしたなか毎日、主婦が市場で生鮮食材を買ってきて、台所で長時間かけて調理し、家族そろって食べるという食事形態が、週末にスーパーマーケットでまとめ買いしておいた食材を使い、あるいは調理済食品を買ってきて、簡単にすませ、あるいは家族一緒に外食店に食べにゆくように変化した。

最近では家庭の外で食べる外食でなく、家庭内で調理して食べる内食でもなく、中間に位置する「中食」が増え、食事は家庭で用意するものというこれまでの考え方が大きく変わってしまった。持ち帰り弁当屋、コンビニ、おにぎり、寿司などの持ち帰り食品が、ビジネスマンや学生、高齢者などの昼食や夕食に重宝がられている。

東京で親子いっしょに暮らす家庭を調査すると、毎日、家族そろって、夕食をしている家庭は三割強しかなく、父親は残業、母親も勤めやパートに出ていて帰りが遅く、子どもはクラブ活動や塾通いで忙しく家族がバラバラで食べている。独り暮らしの人であれば食事を一人で食べる孤食も不思議でないが、夫婦暮しをしていても、一〇パーセントの夫婦は別々に食事をしている。親子一緒に暮らしていても、バラバラに食事をする家庭が一六パーセントもある。

厚生労働省の『平成二十一年（二〇〇九）度　全国家庭児童調査』によれば、家族で一緒に食事をしていますかというアンケートに、一週間のうち家族そろって一緒に食事をする頻度について、毎日が約二六パーセント、四日以上が朝食で約九パーセント、夕食で一

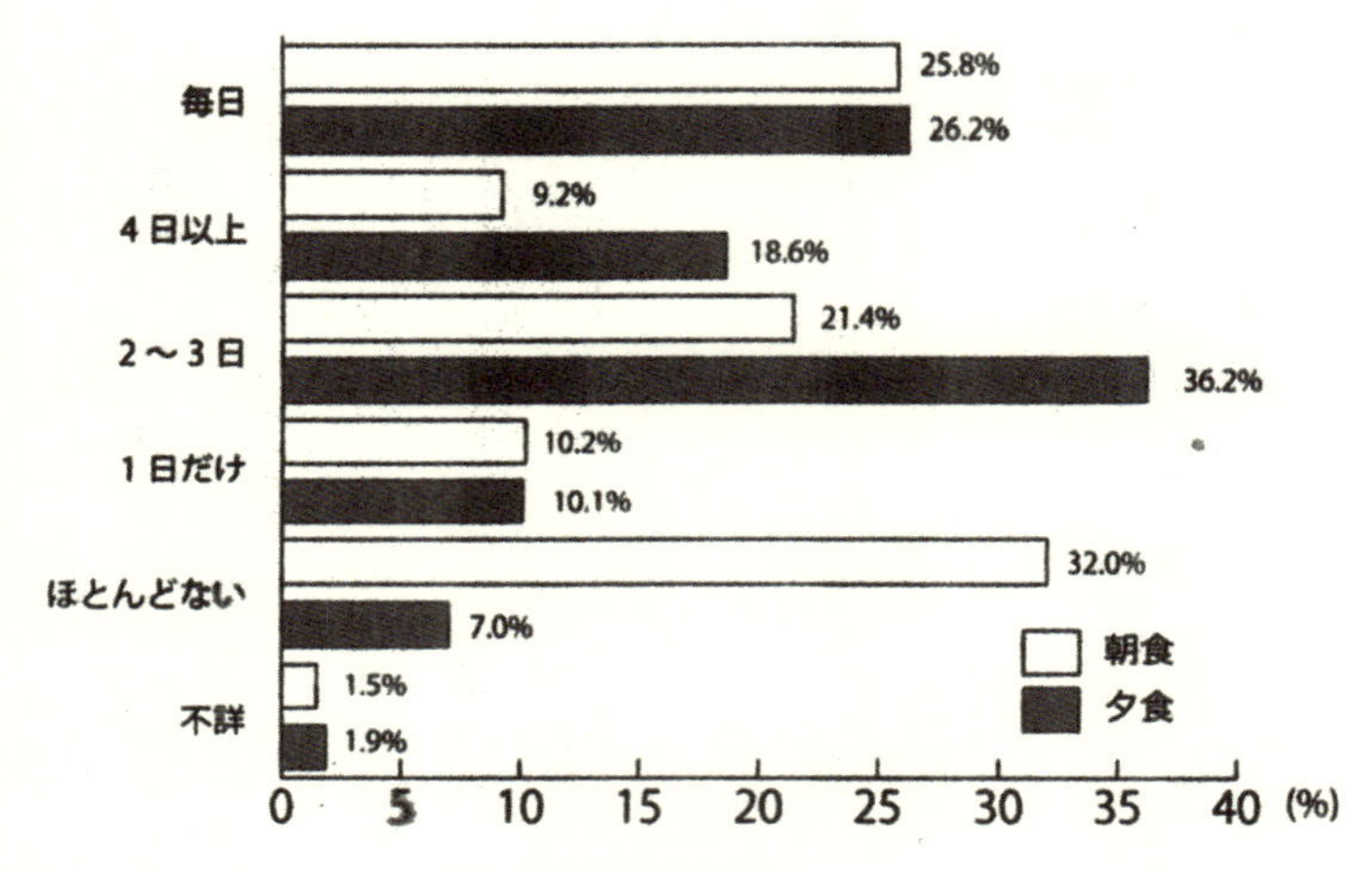

『平成二十一年(二〇〇九)度　全国家庭児童調査』

八・六％、二～三日が朝食が二一・四％、夕食が約三六パーセント、一日だけが約一〇パーセント、ほとんどないのが、朝食が三二パーセント、夕食が七パーセントであった。

食事は家庭で家族と一緒に行なうものという考え方から離れ、マイペース、マイスタイルで食事を摂る人が増えていることが明らかになっている。

おわりに

縄文から現代まで料理の移り変わりを見てきたが、それからすると、社会や文化の変化とともにあったことがわかる。そのなかで今に伝わる精進料理や懐石料理、会席料理、琉球料理などを始め、郷土料理や郷土食などは、新たな料理文化の到来と交わりつつ、連綿と繋がってきているのである。

舌の肥えた日本人の和食への言い知れぬ思いや好みに基づくのであろう。日本料理が最近では諸外国に受け入れられているのも、このような長い歴史を経て、たゆまず料理を創作し、その味を求めてきた人々によるものであり、これからも伝統料理を踏まえ、新たな料理が生まれてくるであろう。

家庭料理は江戸時代の後半から生まれ、明治時代の後半からはちゃぶ台を囲んで一家で食事することが多くなり、高度成長期を経て、現在は家族で摂る機会が少なくなっているのだが、これも社会の変化にともなうものであれば、逆に今後は家庭料理を求める人が多くなることも考えられる。また現今のロシアのウクライナ侵攻や地球温暖化にともなう世界の食糧危機に応じて、地産地消の地域社会をつくってゆく必要がある。

さらに地球温暖化による環境の時代の次には「生存」が問題となってこよう。いかに生きるべきか、食糧をどう調達すべきかが大きな課題になってくるに違いない。

二〇二四年七月

【参考文献】

原田信男『江戸の食生活』岩波書店、二〇〇三年
同編『江戸の料理と食生活』小学館、二〇〇四年
熊倉功夫『日本料理の歴史』吉川弘文館、二〇〇七年
佐藤全敏『平安時代の天皇と官僚制』東京大学出版会、二〇〇八年
江原絢子・石川尚子・東四柳祥子『日本食物史』吉川弘文館、二〇〇九年
羽柴直人「平泉の宴」(小野正敏ほか編『宴の中世』)高志書院、二〇〇八年
斉藤研一「中世絵画に見る宴」(同右)
成瀬宇平『47都道府県伝統食百科』丸善株式会社、二〇〇九年
成瀬宇平・堀知佐子『47都道府県地野菜伝統野菜百科』丸善株式会社、二〇〇九年
橋本直樹『食卓の日本史』勉誠出版、二〇一五年
野崎洋光監修『伝統食』丸善出版株式会社、二〇一六年
奥村彪生『日本料理とは何か』農山漁村文化協会、二〇一六年
五味文彦『文学で読む日本の歴史』全五巻、山川出版社、二〇一五~二〇二〇年
『新猿楽記』(『古代政治社会思想』)岩波書店、一九七九年
『古事類苑』飲食部三　吉川弘文館、一九九八年

著者紹介

五味文彦（ごみ・ふみひこ）

東京大学・放送大学名誉教授、足利学校庠主。専門は日本史。

著書に『院政期社会の研究』（山川出版社、1984年）、『文学で読む日本の歴史』全五巻（山川出版社、2020年）、『武士論』（講談社、2021年）などがある。

料理の日本史

2024年9月20日　初版発行

著　者　五味文彦

発行者　吉田祐輔

発行所　株式会社勉誠社
〒101-0051　東京都千代田区神田三崎町 2-18-4
TEL：(03)5215-9021(代)　FAX：(03)5215-9025

〈出版詳細情報〉https://bensei.jp

印刷・製本　中央精版印刷

ISBN978-4-585-32045-6　C0021